MARAS, PANDILLAS Y DESVIACION SOCIAL

POR HÉCTOR GUSTAVO SÁNCHEZ VELÁSQUEZ

EDITORIAL DUNKEN
Buenos Aires
2008

Sánchez Velásquez, Héctor Gustavo
Maras, Pandillas y Desviación Social.
1ª Ed.-Buenos Aires: Dunken, 2008
168 p. 23x16 cm.

ISBN: 978-987-02-3159-2
    1. Sociología. 2. Servicio Social. I. titulo
    2. CDD 361.

2ª Edición para Amazon. Com
Washington, D.C.
Febrero 2020

2ª Reimpresión por Sanchez Editores
Tegucigalpa, MDC, Honduras, C.A.
Tel. (504) 227 0402
hegusave@yahoo.com

1ª Reimpresión por Multigráficos Flores S. de R. L.
Comayagüela, M.D.C., Honduras, C.A.
Tel. (504) 227 6126
multigraficosflores@yahoo.com

Impreso por Editorial Dunken
Buenos Aires, Argentina.
Ayacucho 357 (C1025AAG)- Capital Federal
Tel/Fax 4954-7700/ 4954-7300
e-mail: info@dunken.com.ar
Página Web: www.dunken.com.ar

Hecho el depósito que prevé la ley 11,723
Impreso en la Argentina
2008 Héctor Gustavo Sánchez Velásquez
Email: hegusave@yahoo.com
ISBN 978-987-02-3159-2

PRÓLOGO

Este es un libro de ciencia, de ciencia interdisciplinar y, aunque enmarcado claramente dentro de las grandes categorías sociológicas, no va por el carril que lleva al imperialismo que nace de aplicar técnicas de una sola disciplina y, al mismo tiempo, desecha y aja el resto de los conocimientos, tratando hechos, fenómenos y acontecimientos con corta mirada de bárbara especialización, sino que, por el contrario, es un libro que abre el tema y pone las ideas en uno y otro campo del saber, aplicándolas a un caso: el de las maras y pandillas juveniles; en un lugar y tiempo determinados: Honduras actual.

Quien se dedica a las ciencias sociales podrá encontrar en el trabajo del doctor Sánchez Velásquez, herramientas que le ayuden a comprender mejor y más acabadamente un fenómeno que, al apelar al uso del lenguaje técnico, se hace posible calificarlo como una forma de "conducta desviada y anomia en grupos primarios".

El sociólogo, podrá comprobar que el autor se maneja con soltura en el campo de las definiciones sociológicas; definiciones que parecen elaboradas sobre la matriz de esa frase que Leonardo Da Vinci había escrito en su taller con letras grandes: *fare la opera con ostinato rigore* –hacer la obra con obstinado rigor–, y luego, las aplica al tema que ha puesto bajo tratamiento. Por otra parte, va a encontrar explicaciones sólidas, las cuales conservan el decoro y el recato al que obliga un tema asaz grave y sensible para la tierra natal del autor: la bella y cordial Honduras.

El antropólogo, encontrará algunas de las causales que generan subcultura y conducta desviada en grupos que se forman en una sociedad geográfica y culturalmente distante de la tierra que vio nacer a los miembros del grupo y, también, hallará respuesta a la pregunta: ¿Cómo esa subcultura, germinada en otras latitudes, nacida como respuesta a situaciones puntuales, es transplantada y prende individuos socializados con pautas y normas diferentes?

El que se aboca a los estudios políticos podrá, en algunos pasajes y capítulos, reconocer la influencia que nace del poder informal y se hace sentir sobre grupos humanos amplios y, además, encontrara explicación sobre la forma en que tal poder se expande al margen de toda autoridad reconocida por la sociedad y constituida legalmente. Su mirada con lentes politológica le permitirá analizar cómo se construye poder en base al temor reverencial, al miedo y a la pedagogía criminal.

El psicólogo, al detener su lectura en las entrevistas se transcriptas en diversos capítulos, podrá profundizar en las posibles psicopatologías de miembros de pandillas juveniles y, a la vez, en otras páginas encontrará argumentos que relacionan cultura, personalidad y grupo en las diversas etapas de socialización del individuo.

El economista, hallará párrafos sobre las maneras en que se mueven los mercados paralelos y marginales del delito, las formas particulares en que se comportan la oferta y la demanda en ese mundo, y los modos por medio de los cuales esos mercados se amplían y tecnifican cada vez más.

El criminólogo, provenga de una formación de base orientada por la sociología u orientada por el derecho, encontrará algunas fuertes y bien marcadas categorías sobre las teorías de la anomia y de la transmisión cultural combinada con los desequilibrios en la estructura social.

El legislador, tiene en este libro un útil, un instrumento, una herramienta para elaborar y votar leyes fundamentadas con sustento técnico, para que en este complejo asunto, en el cual se conjuntan delito, criminalidad, juventud, marginación, pobreza, frustración, desocialización y actitudes sórdidas, esas leyes sean amparo, protección, tutela y defensa de toda la sociedad y de cada uno de sus componentes.

Por su parte, el lego, la mujer y el hombre de la calle, al leerlo, descubrirá un mundo fascinante, el mundo de la sociología y de las ideas socio culturales aplicadas a las maras y pandillas juveniles; además, encontrará explicados cómo y por qué ciertas personas se unen y asumen formas de vida casi incomprensibles para quien disfruta y goza haciendo bien a los demás.

En las páginas que se siguen, un tema considerado muchas veces como hermético y otras tantas presentado con arcanos insondables para los no iniciados, queda expuesto con claridad conceptual y sobriedad de estilo, lo cual sólo se puede alcanzar cuando el estudio, el pensamiento y la experiencia se conjugan en un bagaje intelectual que permite ser transmitido a los demás sin torceduras ni aristas mal pulidas.

Estimado lector, por el origen de este trabajo, una tesis doctoral defendida en la Universidad de Belgrano, en Buenos Aires, Argentina, a fines de 2007, yo he tenido que leer los manuscritos que ahora usted tiene en sus manos en forma de libro, con ellos he aprendido y he disfrutado con ese aprendizaje. Espero, pues, confiado que este libro le preste buenos servicios despejando sus incógnitas sobre el tema. Con esta confiada esperanza pongo mi punto final.

RAÚL ARLOTTI*

* Doctor en Ciencia Política, Profesor de la Universidad de Belgrano y de la Facultad de Derecho de la Universidad de Buenos Aires.

A mi familia
Por haber emprendido este proyecto conmigo

PRESENTACIÓN

Esta es una segunda edición de nuestro libro, que ya había sido reimpreso en un par de ocasiones, pero no revisado y mejorado, acción que se hizo y se presenta esta vez. El lector deberá tomar en cuenta que es una realidad descrita de hace más de 10 años, pero que aún está vigente precisamente por los cambios que se dan permanentemente en estos grupos y que, siendo entonces esta una mirada clásica de las pandillas que se deberán entender como californianas.

En un estudio que ya estamos culminando, se presentará la nueva faceta y versión de las maras y pandillas, que no son más que una manifestación de la criminalidad organizada en el triángulo norte centroamericano, llámese así a El Salvador, Guatemala y Honduras.

Hace muchos años, cuando inicié mi formación académica, siempre tuve la inquietud de abrazar la carrera de sociólogo, para intentar entender mejor a la sociedad hondureña y la problemática social que envuelve a mi país, uno de los más pobres de la región, condición que contrasta con la riqueza natural que posee.

Simmel manifestaba que "La sociedad existe allí donde varios individuos entran en acción reciproca. Esta acción reciproca se produce siempre por determinados instintos o para determinados fines" Simmel, decía que la sociedad funciona como diferenciación social y también como sistemas de funciones, donde cada uno tiene y desempeña un rol diferente dependiendo del momento y de la situación que se da, y la importancia que tiene la cantidad y el numero en un grupo social para el desempeño de X actividad.

Me pareció interesante entonces enfocarme en un solo problema o grupo de la sociedad hondureña, una problemática que aumentó el dolor de muchos hogares humildes de las polvosas calles de ese país centroamericano, aumentando también el índice de homicidios y la violencia en general, o por lo menos la percepción de tal violencia. Nos referimos a las Maras y Pandillas.

Estudiar el fenómeno de Las Maras y Pandillas Juveniles, era una tarea pendiente que ahora estoy iniciando a cumplir. Este, es un fenómeno social contemporáneo, que desgraciadamente no se le ha dado aún el tratamiento que debería, y que, el estado solamente asumió funciones de bombero, para apagar el fuego del problema del momento, y no tratarlo como un todo.

El propósito de este estudio es intentar describir por dentro esta manifestación grupal, desde la perspectiva sociológica y específicamente, desde la teoría de la desviación social, para ayudar a entender mejor este fenómeno, con el propósito de que se tomen otras medidas que resulten más dinámicas y eficientes, que las que se tomaron hasta el momento, con pobres resultados.

Héctor Gustavo Sánchez Velásquez
Buenos Aires, abril del 2008.

Contenido

INTRODUCCION

Centro América, es una de las regiones más pobres del mundo, los índices de desarrollo humano, según datos del PNUD, presentan niveles que se encuentran entre los más bajos, un alto porcentaje de la población vive por debajo de la línea de la pobreza.

A esta problemática social se suma una de carácter político. A consecuencia del fin de la Guerra Fría, se introdujeron cambios conceptuales en la región, la zona dejó de ser uno de los escenarios de la lucha ideológica que desde la posguerra habían mantenido las dos grandes potencias mundiales, lo cual dio como resultado, entre otras cosas, la proliferación de armas en manos de ciudadanos civiles sin ningún tipo de control por parte de los Estados de la región, lo cual trajo aparejado un fuerte y marcado aumento de la inseguridad. Las armas a las que hacemos referencia fueron introducidas, durante las décadas de la Guerra Fría en los distintos países, por Estados Unidos, para frenar el avance del comunismo en la región, y por la URSS, para frenar el avance del *imperialismo americano.*"

Además, el fin de la Guerra Fría, la proliferación de armas en manos de civiles y el incremento en el número de delitos son temporalmente coincidentes con la aparición y propagación de las pandillas juveniles. En los últimos años, los países centroamericanos, han registrado la presencia de pandillas juveniles violentas, conocidas también como Maras, cuyo accionar ha provocado la intervención directa de actores extra regionales como Estados Unidos y México y de actores regionales como El Salvador, Honduras y Guatemala. El propósito de estas intervenciones, se han focalizado en el *exterminio de la problemática pandilleril.*

Creemos que nuestro estudio ayudará a mejor entender ese fenómeno social y servirá, en el futuro, para apoyar con un conocimiento más acabado a la toma de decisiones, por parte de Organismos Estatales y Organizaciones Internacionales, para la prevención y control del accionar delictivo de tales grupos.

La realidad cotidiana muestra que, como lo dice Dammert, *"Estos grupos juveniles juegan en la actualidad un rol central en las agendas de seguridad pública en los países centroamericanos y adicionalmente en las agendas de seguridad regional. Esto último debido a que empiezan a ser consideradas como "amenazas emergentes" posiblemente vinculadas con el crimen organizado"*.[1]

Sólo basta con repasar las cifras que manejan las fuerzas policiales de esos países, para comprobar su influencia numérica en la región: *"en Nicaragua se registraron unos cuantos miles de mareros y pandilleros, en El Salvador se contabilizaron 15,000, igual número en Guatemala. Por su parte, en Honduras, se calcula actualmente la existencia de unos 20 mil mareros activos y simpatizantes que se cuentan también por miles"*.[2]

La problemática de las pandillas juveniles alcanzó grandes proporciones, aunque no se tiene a ciencia cierta un número exacto de cuantos miembros pueden tener estos grupos, se cree que *"hay más de 50 mil jóvenes enrolados en este tipo de grupos en El Salvador, Honduras, Guatemala y Nicaragua"*[3] las cifras varían, dependiendo de la agencia que las presenten, lo que sí es innegable, es la importancia que tienen en las agendas de seguridad de los estados centroamericanos.

Más allá de los números modificados, tanto por los problemas de conteo como por la dudosa cientificidad de los mecanismos utilizados para los relevamientos, los datos muestran que las Maras y las Pandillas Juveniles, por su accionar violento y

---

[1] Dammert, Lucia. Bailey John. Reforma policial y Participación Militar en el Combate a la Delincuencia. Análisis y desafíos para América Latina. (Revista Fuerzas Armadas y Sociedad • Año 19 • Nº 1 • 2005) p. 133 FLACSO-Chile.

[2] Aunque estos datos son aproximaciones que realizan las diferentes instituciones policiales de los países en mención, y que es muy común encontrar inconsistencias en ellos, e inclusive, contradicciones, los mismos, para algunos están sobre dimensionadas y para otros subestimadas, lo que es innegable es su notable crecimiento en los últimos años.

[3] Maras y Pandillas en Centro América. Volumen II. (UCA Editores. San Salvador, El Salvador.) 2004. p. 31.

delictivo, se han transformado en amenaza para los gobiernos y pueblos centroamericanos.

Nuestro propósito en este estudio, es realizar una interpretación científica del fenómeno desde la perspectiva sociológica, la cual supere a las explicaciones tradicionales, las que en su mayoría, se han detenido en análisis superficiales en los que se narran sólo las consecuencias del accionar de las maras y pandillas juveniles y, además se agotan en recomendar medidas de represión, cuyos resultados están lejos de aportar algún beneficio colectivo; esas medidas sólo han contribuido a incrementar el número de simpatizantes y participantes y, de la misma forma, ampliaron el ámbito geográfico de acción, el cual llegó a expresarse, como ya apuntamos, en áreas rurales.

Realizaremos nuestro estudio tomando en cuenta al Grupo Social y la Conducta Desviada, entendiendo por esta última a *"toda conducta social que se aparta de la 'normalidad' prescrita en el marco de referencia de las normas y valores de un ambiente socio cultural"*. Dejamos aclarado desde ya que, al hablar de conducta desviada no lo hacemos desde el análisis de la Criminología, sino que la interpretamos desde la perspectiva de la Sociología, que analiza esa conducta como algo no necesariamente sancionado por la infracción a la norma del derecho positivo, pero sí sancionada desde el punto de vista social.

El fenómeno de la conducta desviada está íntimamente ligado a la generación de subculturas. Lo cual se entiende como *"un segmento social que imparte determinadas pautas, costumbres, normas y valores, distintos a los valores presentes en una sociedad convencional."*

En el caso de las maras y pandillas, el primer patrón de subcultura es que ellas se unen en torno a grupos etarios, a sistemas de socialización particulares, a una herencia cultural y a creencias e ideologías.

Desde esta perspectiva, las maras y pandillas juveniles, pasan a ser parte del fenómeno estudiado por la Sociología de la Conducta Desviada y, en consecuencia, nuestra aproximación estará centrada en plantear el fenómeno mirando al grupo social desde la anomia. El fenómeno de la conducta desviada está íntimamente ligado a la generación de subculturas. Esto es un segmento social que imparte determinadas pautas, costumbres, normas y valores, distintos a los valores presentes en una sociedad convencional, en este caso se desarrolla en forma paralela a la sociedad global hondureña, que desarrolla la personalidad del joven en principio dentro del ámbito del barrio y la comunidad local, para luego trasladarse a nivel nacional, regional y trasnacional.

En la búsqueda por caracterizar y definir a las Maras y Pandillas Juveniles como grupo social, tomaremos conceptos que refieren a prácticas sociales, tales como: *lucha, solidaridad, autoridad, usos y costumbres, formas de comunicación, simbolismo, poder y dominación, ritos de iniciación y prácticas que dan al grupo su carácter distintivo*. Temas estos que abordaremos siguiendo especialmente los aportes de autores clásicos de la Sociología, tales como, entre otros, Simmel, Durkheim y Weber, con el propósito de tratar de aplicar sus aportes al interior de los grupos pandilleriles.

La adopción de la denominación "*Maras*", según sus propios miembros, se debe a que los integrantes de la pandilla actúan conjuntamente y dejan la tierra rasada en las zonas donde operan y siembran el terror entre los habitantes de los barrios donde se han posicionado y obligan a los vecinos a someterse a sus reglas de juego o a sufrir por la pérdida de bienes y vidas. Es un actuar que ellos consideran analógico a las hormigas "*marabuntas*", y de allí la denominación genérica de estos grupos. Bajo tal uso, el término toma una dimensión significativa opuesta a la que históricamente había tenido en la lengua popular centroamericana, en estos países, bajo la voz "*Mara*", se reconocía al amigo, al alero, al compinche, al pana, al compadre.

En cuanto a los nombres de los grupos de Maras y Pandillas más reconocidos en la República de Honduras, según la Revista Educativa del Departamento de Policía de Chicago de Orientación sobre las Pandillas Juveniles, la MS XIII, usa el número 13, porque el mismo se corresponde con treceava letra del abecedario, letra inicial de las palabras *"marihuana"* y *"mexicano"*, además, en la jerga pandilleril la *"M"* es usada para referir a *"la vida loca"*, al placer que siente el individuo cuando está bajo los efectos de las drogas. Aunque para otros MS 13 significa *"Mara Salvatrucha"*, expresión esta última que es producto de la contracción de las voces "El Salvador", país de donde provenían la mayoría de sus miembros y "Trucha" que en sentido figurado y familiar significa persona sagaz y astuta, vivo, inteligente, avispado, poco escrupulosa en su proceder. Según esa misma publicación, la Pandilla 18, debe su nombre a en la calle 18 (18 street) de la Ciudad de Los Ángeles, California, calle que indicaba el ingreso a los *"ghetos"* latinos de esa ciudad.

Existen diferentes justificaciones del porque el surgimiento de este fenómeno contemporáneo, pero según algunos estudios anteriores sobre la temática, las Maras y Pandillas Juveniles crecieron en contextos sociales definidos por conflictos profundos y por la baja expectativa de desarrollo personal y social de los jóvenes, nacida de problemas tales como el desempleo, la explotación del trabajo infantil, la violencia y la deportación de muchos de ellos desde los Estados Unidos donde habían emigrado durante los años de Guerra Fría.

Portillo dice que las *Maras*, suelen caracterizarse no sólo por la alta dosis de violencia que ejercen entre ellos mismos y contra personas que no pertenecen al grupo, sino también por la complejidad de su estructura grupal y el rápido crecimiento que tienen. Tomando en cuenta esta afirmación de Portillo, a lo largo de nuestro trabajo haremos referencia a esta estructura y jerarquía social interna, y sus procesos, y pondremos con algún detalle el accionar característico de las principales agrupaciones pandilleriles de Honduras.

Las *Maras* son grupos que viven en una especie de hermandad que observa normas propias, siguen patrones de conducta definidas y respetan de reglas y códigos, todo ello unido a un lema común: *se vive y se muere por y para el barrio*. Los mareros han adoptado algunos modos característicos y propios; el *lenguaje*- verbal, gráfico y gestual- es uno de ellos; tienen ritos de iniciación, usan tatuajes como símbolos de méritos y jerarquía, usan una vestimenta identificatoria y caminan de cierto modo que les es propio.

Otra de las características de las *Maras* es su permanente lucha con grupos rivales, sea por territorio, mercado u odio; lucha que se extiende también contra las autoridades políticas y las fuerzas de seguridad. El objeto de este accionar es imponer la propia voluntad, sin importar las consecuencias, aun en contra la resistencia que se pueda encontrar, la lucha es encarnizada y a muerte. La violencia es el eje definitorio de la delimitación de poderes y segregación barrial. Así, se impone el dominio del guerrero, de aquel que tiene más *méritos,* entendiéndose por tal a aquel que tiene más actos en favor de las *Maras*, lo cual lo convierte en líder, en caudillo, en un todo poderoso dentro de la organización. El liderazgo dentro de la organización lo ejercen quienes tienen mayor fuerza o capacidad de pelea, aunque, en ocasiones, el liderazgo recae en quienes han adquirido larga experiencia en su militancia dentro de la organización.

Por otra parte, estudiamos la solidaridad del grupo, como se produce sobre todo para con el *hommie*[4] como es ese tipo de relación comunitaria fundada en sentimiento afectivo de los miembros.

En cuanto a las políticas adoptadas para enfrentar el fenómeno, los gobiernos no han trazado estrategias que superen la mera coyuntura, han buscado soluciones inmediatas al problema, aumentando las penas.

---

[4] Pandillero del grupo.

Al respecto, consideramos de relevancia la observación de Rocha: *"dependerá en gran medida cómo se observa el fenómeno de las maras, porque de ello se desprenderá el tratamiento que se le dé a las mismas. Y, hasta el presente, el modo de proceder ha sido el de curar al enfermo, castigar al criminal, terapia para el desequilibrado, penitencia y absolución para el pecador, corrección para el malcriado. Un antídoto para cada veneno. Estas medidas son de dudosa efectividad, dado que estas organizaciones tienen un mecanismo de reactivación. Se alimentan con sucesivas generaciones y, aunque en ciertos períodos aparentan extinguirse, muestran pronto su carácter recurrente."*[5]

Existen diferentes grupos y asociaciones pandilleriles, pero nosotros estudiaremos a los dos grupos más grandes y violentos que existen en Centro América, en este caso, específicamente Honduras, nos referimos a la *Pandilla XVIII o Barrio 18, y la Mara Salvatrucha, o MS XIII.* Cuando nos referimos a ellas, lo haremos con el término de pandillas en general, como sinónimo de ambas organizaciones y haremos la distinción entre ambas, solamente cuando sea necesario aclarar algún término o acción que sea especifico de uno de estos dos grupos, porque generalmente, tienen muchas actividades similares, aunque sea enemigas a muerte y se odien entre sí.

Creemos importante, mencionar sobre los parámetros utilizados metodológicamente hablando, para realizar este estudio. El cual es de tipo Descriptivo, y que se ha realizado en dos ciudades de Honduras: Tegucigalpa, y San Pedro Sula, por ser estos los lugares donde más se expresa y manifestaciones tiene el fenómeno pandilleril, que es eminentemente urbano. Por ser estas, los mayores polos económicos y poblacionales del país.

---

[5] Rocha, J. Pandillas: Una Cárcel Cultural. (Revista Envío. No.219, junio de 2000 Red Transnacional de Análisis sobre Maras. Nicaragua) p. 25.

Para la realización de este estudio, se entrevistaron a informantes clave que, de forma directa o indirecta, actúan sobre la problemática que nos proponemos investigar, y que nos brindaron información desde diferentes perspectivas, para obtener una mejor apreciación del problema estudiado, entre los cuales se encuentran:

Operadores de justicia: Dentro este grupo de informantes, entrevistamos a policías que prestan servicio en distintas unidades de la Policía Nacional y que están involucrados en tratar asuntos con los pandilleros y mareros, bajo los siguientes criterios:

- Policías de la Unidad de Prevención de Pandillas: Unidad que tiene como propósito básico prevenir que niños y adolescentes se involucren en estas organizaciones. Actividad que realizan por medio de programas educativos que se imparten a alumnos y maestros de centros de educación de nivel primario y secundario.

- Policías de la Unidad de Pandillas Juveniles de la Dirección General de Investigación Criminal: Los miembros de esta unidad tienen como responsabilidad principal, combatir y controlar el accionar de las Maras y pandillas juveniles, y presentar ante la justicia los recursos que correspondan, en todas aquellas acciones que se encuentren tipificadas como delitos, y que estos grupos cometan.

- Policías de la Unidad de Análisis de la Jefatura Metropolitana No 1 y 2: Ambas son unidades policiales especializadas, con asiento en las ciudades de Tegucigalpa y San Pedro Sula, que tienen como función investigar y combatir aquellas acciones tipificadas como delitos, que ejecutan estos grupos y tratan de controlar el accionar del fenómeno pandilleril.

Mareros (as) y Pandilleros (as): En este grupo de informantes, se entrevistó a miembros, hombres y mujeres, de las diferentes pandillas y maras que hay en las ciudades que aquí ponemos bajo estudio. Para la elección de los informantes de este grupo no se utilizó ningún método probabilístico, si no que las primeras informaciones se obtuvieron en centros de detención de las ciudades de Tegucigalpa y San Pedro Sula; y fueron esas personas las que conectaron con otras que estaban detenidos y en libertad, y que querían colaborar con el estudio. Entre estos se estableció la siguiente clasificación:

- Mareros (as) pertenecientes a la Mara Salva Trucha (MSXIII), y ex miembros de la misma, que se encontraban libres o en condición de detenidos en centros de reclusión, ya sea procesados o condenados.
- Pandilleros (as) pertenecientes a la Pandilla XVIII o Barrio XVIII, y ex miembros de la pandilla en mención, de los cuales, al igual que en el caso de la MSXIII, unos se encontraban en libertad y otros encarcelados. En ambos casos, se consideró importante entrevistar a exmiembros, porque entendimos que tal condición los llevaría a mostrarse más abiertos para colaborar y proporcionarnos información valiosa para avanzar en nuestro estudio.

Organizaciones Gubernamentales y no Gubernamentales, involucradas en proyectos de prevención, rehabilitación y reinserción de pandilleros: Se tomo en cuenta a aquellas ONGs, que trabajan directamente con las Maras y Pandillas Juveniles, en materia de prevención y rehabilitación, para conocer su perspectiva sobre el fenómeno.

El Objetivo General del estudio es, Describir la organización estructural y las prácticas sociales del fenómeno de las Maras y Pandillas Juveniles en Honduras. Para lograrlo, creemos que es importante conseguir algunos Objetivos Específicos, como ser: Sistematizar la evolución que han tenido las Maras y Pandillas Juveniles. Describir las formas típicas que utilizan en su accionar. Y finalmente, Analizar las medidas adoptadas por el Estado para enfrentar este fenómeno.

Nuestro abordaje no guarda el propósito de contestar todas las preguntas del tema ni y agotar el mismo, sino que lleva la intención de plantear dudas, despertar el interés y llamar la atención sobre cuestiones que hacen al fenómeno y que aún no han sido interpretadas desde una perspectiva sociológica.

CAPITULO I ANTECEDENTES HISTÓRICOS DE LAS MARAS Y PANDILLAS JUVENILES

En este primer capítulo, intentamos hacer un recorrido histórico del fenómeno que nos atañe, con la intención de identificar las posibles causas del surgimiento de estos grupos, que va más allá de una simple moda o de una contra cultura.

1.1. Antecedentes Generales:

Para rastrear los antecedentes de las organizaciones pandilleriles latinas, hay que remontarse al siglo XIX, a los tiempos en que los Estados Unidos se posesionan de parte del territorio mexicano, dentro del cual, permanecen familias mexicanas que no renuncian a sus raíces culturales, las cuales mantienen y trasladan de generación en generación.

Es así como allí se generan los movimientos *"chicano"*, *"cholo"* o *"pachuco"*[6], por citar sólo algunos de los más conocidos y cuyas acciones han sido las más difundidas a lo largo del tiempo.

Según el especialista Renan David Galo, la Pandilla XVIII, la más antigua de las dos que pondremos bajo estudio, debe su nombre a una reivindicación de los grupos de latinos que habitan la ciudad Los Ángeles, cuyos "ghetos" se ubicaban desde la calle 18 en adelante, mientras que todas las calles con numeración más baja se reservaban para la exclusiva residencia de anglosajones. En los *ghetos* latinos, el mayor número de habitantes eran mexicanos o a descendientes de mexicanos, los que, a pesar de haber residido allí por varias

---

[6] Estos movimientos son de origen étnico cultural, que surgieron como respuesta de los descendientes de las personas de origen mexicano que quedaron en territorio estadounidense,

generaciones y ser estadounidenses por nacimiento, no pertenecían al grupo WASP y por tal hecho eran marginados.

Sus barrios no contaban con servicios públicos suficientes y la educación para sus niños y jóvenes era pobre y de mala calidad comparada con la impartida a niños y jóvenes blancos, los trabajos que los adultos podían alcanzar eran los de menor remuneración y los más desprestigiados socialmente. Es en esos "ghetos", zona donde se organizaron los primeros grupos latinos para enfrentar a los estadounidenses que los sometían a los abusos y les hacían sentir que ellos eran unos agregados indignos de permanecer dentro del territorio de Estados Unidos.

Según Galo, los latinos se percataron que eran mayoría respecto de quienes llegaban a sus barrios para molestarlos e imponerles normas de convivencia no acordes con sus pautas culturales, comenzaron a resistir esos abusos. Hecho que luego van a imitar otros barrios, puesto que se va irradiando la conciencia que la unión en grupo y los triunfos ante sus rivales, les da poder, les proporciona un status superior ante sus pares y, a la vez, se va forjando una filosofía de la importancia del poder que nace de la pertenencia a un grupo para enfrentar a un enemigo y afianzar una identidad.

Por su parte, la Unidad de Pandillas de la Policía Nacional de Honduras sostiene que: *"las primeras noticias de pandillas hispanas en Estados Unidos se ubican a principios del siglo XX, entre 1910 y 1925 coincidentes con la inmigración de mexicanos hacia ese país; a causa del período revolucionario de México y posteriormente, por la depresión económica de los años 30.*

A estas pandillas iníciales se les denomino "Pachucos" y se las consideraba como la respuesta de un conflicto generacional ligado, a su vez, con otro de carácter binacional. Se caracterizaron por adoptar formas de comportamiento social que sobre todo enaltecían su estética exterior, ya que sus prácticas cotidianas, no podían ser entendidas desde la óptica de las culturas mexicanas, ni estadounidenses.

Cierto sector de la sociedad en esos momentos vió a los Pachucos como sujetos peligrosos, haciéndolos blanco de desprecios y burlas como movimiento defensivo frente a toda la discriminación; puede decirse que el pachuco es el antecedente próximo de todo el fenómeno pandilleril en Estados Unidos".[7]

1.2.   Su Arribo a Centroamérica.

En lo que refiere al surgimiento de las pandillas juveniles centroamericanas, se le atribuyen varios orígenes, por ejemplo, para Portillo, lo encuentra en la migración hacia Estados Unidos de jóvenes de la región que buscan allí mejores condiciones de vida.

Al respecto expresa: *"Particularmente, el flujo migratorio iniciado por el conflicto armado salvadoreño (1980-1992) y continuado por la débil economía de posguerra permitió que un buen número de jóvenes de origen salvadoreño saliera del país y se uniera a pandillas en ciudades como Los Ángeles y Washington, DC.*

Muchos regresaron sobre todo deportados, y se unieron o formaron su propia pandilla."[8]

Produciéndose así la importación del fenómeno. En los inicios de la década de los años 80 comienzan a llegar como *ilegales* a los Estados Unidos algunos ciudadanos salvadoreños, desplazados por la guerra civil que devastaba su país. Ellos procuran ubicarse e instalarse en los mismos puntos de la ciudad que ocupan las comunidades latinas, mayoritariamente de ascendencia mexicana, pero, en esos lugares, se ven discriminados y agredidos por los pandilleros

---

[7] Unidad de Prevención de Maras, Policía Nacional. Conocimientos Básicos en Maras. (Tegucigalpa, Honduras. Segunda Edición) 2002. p. 7.

[8] Portillo, Nelson. Estudios sobre pandillas juveniles en El Salvador y Centroamérica: una revisión de su dimensión participativa. (Revista Apuntes de Psicología, 2003, volumen 21, No 3. Universidad de Sevilla, España) p. 476

latinos, los que se habían organizado en función de resistir y enfrentar la discriminación anglosajona.

Los pandilleros mexicanos son los primeros en segregar a los salvadoreños. Entre estos últimos se encontraban exmilitares, expolicías y exguerrilleros, que tenían entrenamiento especial en tácticas bélicas y uso de armas, capacidades que los llevan a que algunos de ellos sean reclutados por la pandilla 18, para incrementar su capacidad operativa y, por otra parte, un número importante de los no reclutados por esta pandilla se organiza en una nueva estructura, a la que llaman *"Mara Salvatrucha"*, también conocida como *MS XIII*.

Es así como el origen de la *MS XIII* se encuentra en una respuesta para contrarrestar las agresiones y abusos que la pandilla 18 somete a salvadoreños que no habían sido reclutados para sus filas. Se cree, aunque no existe una demostración empírica, que así nace la rivalidad entre estos dos grupos pandilleriles. Si se acepta está hipótesis, entonces puede afirmarse que, en sus inicios, los dos grupos mayoritarios de *maras y pandillas juveniles* que hoy actúan en territorio centroamericano, se encuentra en una rivalidad de *'naciones'*: la mexicana (18) contra la salvadoreña (MS 13) que se disputan territorio y poder en los "ghetos" latinos, especialmente en la ciudad de Los Ángeles.

En la aproximación de Portillo, el fenómeno, tal como lo conocemos hoy, no tiene un origen propio en la cultura centroamericana, sino que es producto de importación cultural con cierta tradición, sobre todo a partir de la década de los años 50 del siglo XX, en ciertas ciudades de los Estados Unidos.

1.3. Antecedentes del Fenómeno en Honduras:

Honduras tiene también una importante migración hacia los Estados Unidos, cuya mayor intensidad se alcanza en los inicios de la década de los años 90, pero con características diferentes a la migración salvadoreña de los años 80, puesto que tal emigración no es producto de una confrontación bélica, ni por conflictos políticos internos, sino que es provocada por cuestiones económicas, básicamente como resultado de la aplicación de políticas macroeconómicas de corte eminentemente neoliberales, las cuales llevaron a la extrema pobreza a un importante número de hondureños e hicieron que muchos de ellos dejasen su tierra en busca del sueño americano.

Al llegar a Estados Unidos, principalmente a la ciudad de Los Ángeles, en su gran mayoría como ilegales, se encuentran, en los primeros tiempos, tan pobres como habían salido del país y sin posesión de la lengua inglesa, además, la existencia de las pandillas, la 18 y MS 13, conocidas por todos y con fama de aplicar tratos duros y violentos a quienes no le prestaban colaboración o no los reconocían como autoridad dentro del barrio, lleva a que algunos hondureños, ya sea por temor, por admiración por encontrar en esos grupos una nueva forma de pertenencia en una sociedad desconocida o como medio para lograr cubrir sus necesidades y expectativas materiales de manera rápida, ingresen en estos grupos.

Para ese entonces, el fenómeno no se manifiesta en Centroamérica, está reducido a ámbitos territoriales bien definidos de los Estados Unidos. Por cierto, las primeras expresiones del fenómeno en la región se van a dar con las nuevas políticas en materia de inmigración que aplican los Estados Unidos y que tienen como resultado deportaciones masivas de ilegales a sus países de origen.

Entre los deportados se encontraban algunos miembros de estos grupos. Y es así como llegan a los barrios y colonias de El Salvador, Guatemala, Honduras y en menor escala a Nicaragua, jóvenes ya entrenados en el actuar pandilleril.

En busca del sueño americano, muchos hondureños fracasaron en su intento, *"Creyeron lograrlo, pero no fue así. Incluso llegaron a estar en la tierra de las oportunidades, pero volvieron solo con una mudada. Así se resume la desgracia que viven 100,429 compatriotas que han sido deportados de Estados Unidos en los últimos 10 años por su condición de ilegales, según datos de la Dirección de Migración y Extranjería."*[9]

Según este periódico hondureño, las deportaciones se dieron así,

> *"en 1997 se deportaron 3,955 connacionales, en 1998 fueron 4,631. Para 1999, los deportados fueron menos, pues bajó a 4,105. En 2000, fueron 4,876 y para 2001 se registró otro leve descenso al contabilizarse 4,585. En 2002 se dieron 5,551 deportaciones, manteniendo desde ese año una tendencia al alza de las deportaciones. En 2004, Estados Unidos devolvió 9,397 hondureños, cantidad que se duplicó en 2005 cuando retornaron18, 941 compatriotas. El año pasado, las deportaciones llegaron a 24,643. Y para 2007 no parece que la cosa vaya a cambiar. Hasta el 4 de junio, el recuento es de 12,224 compatriotas, lo cual resulta preocupante porque faltan seis meses para que finalice el año.*[10]

Pero estas no son las cifras totales porque estas fueron deportaciones por vía aérea. Por vía terrestre, el mismo periódico afirma que desde mayo de 2003 a la fecha (2007), han sido retornados por la vía terrestre 210,114 hondureños.

Son cifras alarmantes y escalofriantes, que por sí solas dicen que algo muy serio está sucediendo en la sociedad hondureña, y que produce que una oleada de sus ciudadanos deje todo lo que tiene, quiere y posee, atrás.

El conteo de estos grupos resulta muy difícil, se cree que para 1999, existían en Honduras más de 34 mil pandilleros, entre

---

[9] Diario El Heraldo, Tegucigalpa, Honduras. 6 de junio del 2007.
[10] Ídem.

simpatizantes, y pandilleros activos, de ambos sexos.[11]

Aunque son datos que no son muy confiables, por la movilidad que hay en estos grupos, además, desconocemos los métodos de conteo, para obtener esa cifra. Aun así, es interesante saber, que los miembros de las pandillas se pueden contar por miles. Para el año 2000, se creía que existían cerca de 31 mil miembros de pandillas.[12]

Para el 2002, este fenómeno alcanzo la cantidad de 36 mil miembros en 475 grupos y más de 75 mil simpatizantes[13] más adelante se ahondara en sus aproximaciones.

Podemos afirmar entonces que las Maras y Pandillas Centroamericanas, no nacieron en esa región, sino que son un fenómeno *importado* de las calles de las grandes urbes norteamericanas.

Entre los "*mojados*" como se conoce en la jerga popular y el lenguaje de la calle, a los deportados desde los Estados Unidos a Honduras, había miembros de pandillas de la MS XIII y la 18, que, a su retorno, siguen manteniendo los hábitos de juntarse y actuar de la misma manera que lo habían hecho en los Estados Unidos.

Además, entre ellos hay líderes de grupo, jefes de pandilla, a los que los mareros y pandilleros denominan 'cabezones', por considerarlos como los pensantes e intelectuales del grupo.

Son estos quienes, al gozar de prestigio y reconocimiento entre los "*mojados*" pandilleriles, se encargan de realizar las tareas de reorganización de los grupos originales y proporcionar nuevos miembros captados entre jóvenes de barrios y colonias marginales.

La reorganización y la ampliación de los grupos pandilleros la realizan siguiendo las mismas reglas y pautas que las adquiridas en las calles de las urbes estadounidenses, así se produce una continuidad de acción, ahora dentro del propio país.

---

[11] Unidad de Prevención de Pandillas. Policía Nacional, Honduras.
[12] Dirección General de Investigación Criminal. Policía Nacional de Honduras.
[13] Unidad de Prevención de Pandillas, Policía Nacional de Honduras.

Por otra parte, en los últimos años, el fenómeno pandilleril se va a incrementar en Honduras a causa de una inmigración de *"mareros salvatruchos"*, que llegan desde El Salvador, con el objeto de acrecentar el número de miembros de la "MS XIII" y fortalecer la organización de la misma.

Hasta aquí nuestra síntesis en lo que refiere al origen de las Maras y las Pandillas Juveniles en Honduras, en la segunda parte de este capítulo buscaremos caracterizar a las mismas como grupo social, para ello, y de acuerdo a la metodología que aquí seguimos, iniciaremos nuestros argumentos en base a aspectos teóricos, para luego pasar a aplicar los mismos a las Maras y Pandillas Juveniles de Honduras.

CAPITULO II. LAS MARAS Y PANDILLAS COMO GRUPO SOCIAL

En este apartado, para avanzar en nuestros argumentos, hemos optado por seguir lo enseñado por tres autores: Harry M. Jonson, Rubén Zorrilla y Michael Olmsted.

2.1. El Grupo Social:

El primero de estos autores, en su obra *"Sociología. Una Introducción Sistemática"*[14] parte de considerar a la Sociología como *"la ciencia[15] que se ocupa de los grupos sociales; sus formas internas o modos de organización, los procesos que tienden a mantener o cambiar estas formas de organización, y las relaciones entre grupos."* [16] Y entiende que *"todo grupo es una relación social, pero no toda relación social es un grupo. En nuestra utilización del término, un grupo involucra cierto grado de cooperación entre sus miembros para la consecución de un objetivo en común."*[17]

Con esta definición deja claramente señalado que concibe al grupo como un sistema de interacción social, la cual se da cuando dos o más personas o dos o más grupos interactúan entre sí y llegan a conformar una estructura.

A la que reconoce como algo que *consiste en las interrelaciones relativamente estables entre sus partes; más aún,* nos dice, *"el término 'parte' en sí mismo implica un cierto grado de estabilidad. Puesto que en un sistema social se compone de los actos interrelacionados de la gente, su estructura debe ser buscada en cierto grado de regularidad o recurrencia de estos actos."*[18]

---

[14] Edición castellana Bs. As, Paidós, 1968.
[15] Esto es, que posee las características siguientes: 1. Es empírica. 2. Es teórica. 3. Es acumulativa. 4. Es no-ética.
[16] *Cfr.* su: *Op. Cit.* p. 23.
[17] *Ibidem.* p.25.
[18] *Ibidem*, p. 71.

Y, al considerar la estructura de un sistema social, enseña que la misma incluye los cuatro elementos siguientes:

1. Sub grupos de varios tipos, interrelacionados por normas de relación.

2. Roles de varios tipos, dentro del sistema mayor y dentro de los subgrupos. Cada sistema de roles está también relacionado con otros, [...], mediante normas de relación.

3. Normas de regulación que conciernen a los subgrupos y los roles.

4. Valores culturales." [19]

Cada uno de estos elementos- un tipo de subgrupo, un rol, una norma social o un valor- puede ser llamado una "estructura parcial".

Por su parte, Zorrilla sostiene que los grupos son *"agregados de individuos que comparten un marco normativo común. Entre todos los grupos, la sociedad (el grupo máximo) es aquel que los contiene a todos."* [20]

Además, al dar cuenta del contenido conceptual de su definición expresa que hay dos núcleos conceptuales dentro de la misma, *"agregado y marco normativo".*

El agregado refiere a los componentes de la realidad empírica del grupo, lo que constituye su objeto material, estos son los individuos y el grupo en sí mismo; por su parte, el marco normativo es aquello que aglutina al objeto material, son las normas que estructuran y dan forma propia al accionar del grupo.

En cuanto al rasgo distintivo y saliente que se traza entre grupo e individuo, Zorrilla destaca que el grupo *"aparece como un centro de reconocimiento y autoestima para sus miembros. Somos en general –para nosotros mismos- lo que el grupo estima que somos."* [21]

---

[19] *Ibidem.* p.74.

[20] Zorrilla, Rubén. *Principios y Leyes de la Sociología...* (Buenos Aires. Editorial Emece) 1992. p.53.

[21] *Ibidem.* p.131.

Nuestro autor, siguiendo a Ch. H. Cooley,[22] reconoce que existen dos tipos de grupos: primarios y secundarios.

Los grupos primarios se caracterizan porque en ellos *"dominan las interacciones personales, espontáneas, emotivamente cargadas, inclusivas (aquellas que comprometen la totalidad de la persona) al punto que cada relación social es un fin en sí misma.... En los grupos secundarios, tiene características opuestas. Son en general -aunque no siempre- más grandes, las relaciones son formales e impersonales, neutralmente afectivas, e implican responsabilidades y exigencias circunscriptas, que reclaman sólo un aspecto de la responsabilidad. (Son específicas y exclusivas en lugar de difusas e inclusivas)"*[23]

Por su parte, Michael Olmsted ha escrito una obra ya clásica sobre grupo, titulada *El Pequeño Grupo*[24], en ella define al grupo en los términos siguientes: *"Una pluralidad de individuos que se hallan en contacto los unos con los otros, que tienen en cuenta la existencia de unos y otros, y que tienen conciencia de cierto elemento común de importancia."*[25]

A lo que agrega que una característica central del grupo es que sus miembros poseen algo en común y que creen que ese algo establece una diferencia.[26]

Para nuestras argumentaciones interesa tomar de Olmsted la distinción que realiza entre los grupos primarios en base a los vínculos de grupo[27]. Tal distinción permite clasificar a tales grupos en tres categorías:

- *Grupo primario primordial*: es un grupo unido por la ascendencia común o por el lugar. Son de afiliación involuntaria y sumamente tradicionalista. Un ejemplo de este tipo de grupo es la comunidad campesina. *Grupo primario personal*: es de afiliación voluntaria y los

---

[22] Cooley, en 1909, en su obra: *Social Organization. A study of the Larger Mind*, es el primero en realizar esta distinción.
[23] Zorrilla, R., *Op. Cit*. p.131.
[24] Aquí manejamos la edición impresa en Buenos Aires por Paidós en 1989.
[25] *Ibidem*, p. 19
[26] *Ídem*.
[27] Olmsted toma esta distinción de Edgard Shils.

individuos que lo componen se atraen por simpatía. Este es el caso del grupo de amigos.

- *Grupo primario ideológico*: constituido por aquellos que comparten un ideal común al cual se hallan intensamente consagrados. Ejemplo de este tipo de grupo primario son los grupos sectarios que se creen portadores de la verdad.[28]

En los tres tipos predominan los lazos afectivos son fuertes, íntimos, orgánicos e imponen responsabilidad y lealtad mutua.

El tipo grupo primario ideológico comparte con el tipo primordial el sentimiento de lo sagrado de su unión, y ambos están en evidente contraste con el tipo de grupo primario personal que se caracteriza por ser más fortuitos y menos carismáticos. Por otro lado, el grupo primario personal comparte con el ideológico la característica de ser voluntarios, lo cual se halla ausente en los grupos de tipo primordial.[29]

Llegados a este punto, creemos estar en condiciones aplicar las definiciones recogidas y las clasificaciones dadas a las Maras y Pandillas Juveniles.

2.2. Las Maras y Pandillas Juveniles como grupos.

Si tomamos la definición de grupo dada por H. Johnson , esto es, como *"relación social que involucra cierto grado de cooperación entre sus miembros para la consecución de un objetivo en común"*, las Maras y Pandillas Juveniles se presentan a primera vista

---

[28] *Ibidem*, p. 69 y ss.
[29] *Ídem*.

como grupo, puesto que sus miembros viven en una especie de hermandad, en la que observan y respetan un determinado número de normas, siguen patrones y tienen propósitos comunes, tales como, mantener su territorio a cuesta de todo que es el objetivo común y más general que persiguen.

En cuanto a la clasificación que Zorrilla toma Cooley, las Maras pueden ser clasificadas como *grupo primario*, al menos en lo que se refiere a cada una de sus *"clicas"*,[30] puesto que, entre sus miembros, la mayor parte de las relaciones son siempre, hasta cierto punto, personales y sienten en común las mismas simpatías y antipatías por otros grupos o miembros de la sociedad: aman lo mismo y rechazan lo mismo.

Además, tienen férreas lealtades intragrupales: se dan cobijo cuando un miembro de la clica lo necesita, sufragan en común sus gastos y mantienen pactos de lealtad y solidaridad absoluta, todos los miembros de la *"clica"* se tratan cotidianamente y tienen amplio conocimiento uno de otro. Es un grupo primario se identifica con el lema *"por mi madre vivo y por el barrio muero."*

En cuanto a la clasificación realizada por Olmsted, las *Maras* son *un grupo primario ideológico*, el ideal común al que se hayan totalmente consagrado es el barrio y la pandilla. Además, la pertenencia a la MS XIII o al barrio 18 street imponen intimidad entre sus miembros, responsabilidad en la defensa del grupo y de cada uno de sus miembros y un alto nivel de lealtad.

En la distinción entre grupo interno o nosotros, las *maras* presentan su nosotros ante otros grupos y a la sociedad toda a través de una jerga, un lenguaje particular, con símbolos y tatuajes que incluyen a los propios y excluyen al resto.

---

[30] Es la organización básica celular de estos grupos, también se interpreta como sinónimo de barrio.

Ese nosotros también se expresa en el conjunto de normas o reglas que los miembros del grupo deben cumplir y seguir, con estricta observancia y su no cumplimiento puede ser castigado hasta con la muerte.

Entre esas reglas o normas internas y sobre las cuales se estructuran la mayor parte de las relaciones sociales que se trazan entre los miembros del grupo, figuran las siguientes:

MS XIII

- El amor hacia la pandilla es primero.
- No consumir crack ni chemo (Resistol)
- No usar aritos.
- Vestirse bien.
- No andar en la calle después de la media noche.
- No dejar vendido a un hommie, en una guerra.
- Las cosas del barrio son secretas.
- No se pueden tachar (borrar) los tatuajes.
- No robar al barrio (pandilla)
- No violación o rol (pasarse la mujer).
- No faltarle el respeto a líderes del barrio.
- Las cosas secretas del barrio no se comentan a familiares ni a jainas[31] del barrio
- Líderes que le roben al barrio, es la muerte.
- No levantarle armas o fierro a un hommie.
- Vato[32] que eche rata[33], muerte a él y a toda la familia.
- Respeto entre nosotros mismos.
- No dejar a un homeboy[34] vendido en guerra.

BARRIO 18

- Respetarán las reglas del barrio 18st.
- Tenemos que tenerle amor, miedo y respeto al barrio 18st.

---

[31] Es la pandillera del grupo.
[32] Pandillero, o bien puede ser una persona fuera del grupo.
[33] Que da información a las autoridades, soplo.
[34] Pandillero del grupo.

- No tenemos que borrarle nada al barrio 18st.
- Mandatario[35] dar el meeting.[36]
- No tenemos que faltarnos el respeto entre nosotros mismos.
- No tenemos que robarle a la familia de un hommies.
- Mandatario andar pelón[37] como todo un dieciochero.
- No brindar cualquier paisa[38] al barrio.
- No tintiarse[39] el barrio 18st., sólo por hacerlo, se gana.
- Mandatario que todos los hommies anden chimba o cuete.[40]
- No va el color rojo con nosotros.
- El que se mete al barrio 18st, No se puede salir así por así.
- No hay culeros[41] en el barrio 18st.
- Cuando se brinca una jaina se cuenta 18st, segundos y se ponen jainas.
- No tenemos que meternos con los paisas del barrio 18st
- No tenemos que negar el barrio 18st.
- Nosotros no ocupamos la flota,[42] mejor pocos, pero locos.
- El que hecha rata a un hommies; el que deja vendido a un hommies; el que roba al barrio 18st, el que viola, el que niega al barrio 18st, se muere.
- No faltar al meeting.
- Mandatario leer las reglas del barrio 18st.
- Dieciochero cae en todos los meetings de todas las semanas el hommies que lleva la ranfla.[43]

---

[35] Líder de pandilla.
[36] Especie de reunión o concilio del grupo, donde se determinan algunas acciones a tomar, más adelante, profundizaremos al respecto.
[37] Corte de cabello bajo, pelado.

[38] Vecino del barrio.
[39] Tatuarse, pintarse.
[40] Arma de fuego de fabricación casera.
[41] Homosexuales.
[42] Cantidad, muchos.

Por cierto, el cumplimiento estas normas y de los valores que de ellas se desprenden, llevan a la cohesión del grupo y su afirmación reiterada se transforma en una expresión de solidaridad entre sus miembros y, a la larga, se convierten para los miembros del grupo en prejuicios sociales.

Los prejuicios sociales, en referencia al grupo, sirven en especial, para subrayar la pertenencia del individuo al grupo y para destacar tal pertenencia frente a otras personas, sobre todo frente a los miembros de otros grupos y recalcar la no pertenencia a ciertos *outgroups*. [44]

Por otra parte, estas normas son las que hacen posible la comunicación dentro del grupo, las que permiten compartir significado a través de su interacción y presuponen el marco de referencia compartido entre las personas que se comunican. Estas caracterizaciones generales, que permiten tener una primera y aproximada interpretación de la MS XIII y la Pandilla 18 como grupos, nos permitirán, en los capítulos siguientes, detenernos en sus modos organización, los procesos que tienden a mantener estas formas de organización y las relaciones intra y extragrupales que trazan.

---

[43] Es un tipo de automóvil antiguo.

[44] Un desarrollo interesante sobre cómo las normas internas de un grupo generan cohesión y pueden transformarse en prejuicios sociales se encuentra en HEINTZ, P., *Curso de Sociología* (Bs. As., Eudeba, 1973) pp. 93-94

CAPITULO III DESVIACION SOCIAL Y ANOMIA EN LAS MARAS Y PANDILLAS JUVENILES

El tratamiento que daremos a la problemática en los apartados subsiguientes, ciertamente lo realizamos desde la óptica de la conducta desviada y la teoría de la anomia. Pero ahora, trataremos de poner más énfasis al asunto y puntualizar sobre algunas situaciones.

3.1. La Desviación Social y la Anomia:

Según Tamar Pitch, *"el campo de estudios de la desviación social abarca no solo las acciones y conductas reprimidas en forma activa por el sistema social, y que, en general se configuran como" crímenes" o "enfermedades mentales" sino también todas aquellas conductas "distintas", inclusive heterogéneas entre sí, como ciertos estilos de vida de los jóvenes, la homosexualidad y, en general, las costumbres sexuales anticonformistas, el uso de drogas, la alternativa cultural"*[45].

Al tomar en cuenta esta definición, podemos considerar como *desviación social, a todas aquellas conductas diferentes a los parámetros establecidos social y moralmente, en los que juegan un papel de importancia las costumbres y construcciones sociales establecidas.*

Pitch, en su estudio teórico sobre la desviación social, realiza una exploración de las diversas teorías y aproximaciones que tratan de explicar o entender esta problemática, usaremos en este capítulo algunos de sus conceptos básicos para estructurar nuestros argumentos.

---

[45] Pitch, T. Teoría de la Desviación Social. Editorial Nueva Imagen, México, 1980. p. 19.

El autor que aquí seguimos enseña que ha de realizarse una distinción entre conductas criminales y conductas desviantes, nos dice: "*Las conductas criminales son las que violan los códigos penales de cualquier sistema social. Las otras conductas desviantes violan otras normas, entre las cuales se encuentran las normas de las buenas costumbres*[46]". Aunque él observa que esta distinción es más una diferencia de palabras que una separación real en la práctica, ello debido a que, en cualquier caso, la desviación tiende siempre a ser criminalizada, esto es que tiende a ser sometida "*a un proceso a través del cual una acción o una conducta desviante resulta dotada de características peculiares, definida criminalmente y sancionada de acuerdo a requerimientos precisos del sistema social*"[47]

Reconoce que la teoría de la desviación social ha sido tratada desde tres perspectivas, a saber:

- *La perspectiva "correctiva"…. la cual orienta su análisis en función de la solución de los problemas planteados por los fenómenos de desviación social"…*
- *La perspectiva "Neutral", cuyo enfoque está dirigido primordialmente a las causas de los fenómenos estudiados, más que a sus manifestaciones.*
- *La óptica de la diversidad, en la cual la appreciation, la participación, la descripción empática desde adentro, sustituyen a la búsqueda de las causas*[48].

Uno de los problemas que presenta la desviación social, según Pitch, es que todavía no está bien definida, por lo cual propone una clasificación tripartita con la que busca abarcar la totalidad del significado que asume la misma y así reconocer las dimensiones del término:

---

[46] Op Cit. P. 20
[47] Op Cit. 20
[48] Op Cit. Pp. 22-24

1. Desviación social respecto de las normas jurídicas y sociales; en este caso al ser comportamientos que infringen la normativa vigente, tiene connotaciones negativas. Aquí se parte desde una perspectiva de la integración, pues para hablar de desviación respecto de las normas jurídicas se hace necesario que exista un sistema normativo unitario.

2. Desviación social respecto de las normas que refieren a la posición social; aquí se toma en cuenta la relación status-rol, y la situación específica en que se desenvuelve el actor. Se considera como conducta desviante a toda aquella que es disfuncional al sistema social dentro del cual se opera dicha conducta.

3. Dentro de la desviación social como conducta que es producto de los procesos sociales que producen los actos desviantes.[49]

Por su parte, Johnson, sin entrar en disquisiciones ni lanzarse en propuestas teóricas al respecto hace la siguiente apreciación: *"la conducta desviada no es simplemente una conducta que por casualidad viola una norma; es una conducta que viola una norma hacia la que el actor está orientado en ese momento; es una trasgresión motivada."*[50] Por lo que para contrarrestarla, hay que utilizar el control social, el cual *"consiste en la operación de todos los mecanismos que compensan las tendencias desviadas, ya sea previniendo desviaciones evidentes o, más importante, reprimiendo o invirtiendo los elementos motivacionales que tienden a producir la conducta desviada."*[51]

Más allá de la dificultad de definir los contenidos de las conductas que caen bajo el concepto de desviación social, abordaremos algunas teorías que son catalogadas dentro de las mismas conductas desviadas. Es así como entre estas

---

[49] Op Cit. pp 25-29
[50] Jonson, H. Sociología, una Introducción Sistemática. (Paidós. Buenos Aires. 1968) p.609.
[51] Op. Cit. p.610.

encontramos a la Teoría del Estigma, que es un efecto reconocido socialmente, su efecto le otorga al individuo un status socialmente desvalorizado; puede ser entendido como la marca distintiva de aquel al que se le considera diferente.

Según Goffman, este término es manejado desde hace mucho tiempo, y manifiesta que *"Los griegos, crearon el término estigma, para referirse a signos corporales con los cuales se intentaba exhibir algo malo y poco habitual en el status moral de quien los presentaba[52]"*

Para ponerlo en otros términos, podemos afirmar que los estigmas se consideraban como una especie de identificación que se hacía de alguien, para que las demás personas lo pudiesen identificar con sólo hecho de verlo venir.

Desde aquel entonces hasta nuestros días este concepto que no ha sido sometido a cambios relevantes en su significado y guarda vigencia. La diferencia básica con la significación que le daban los griegos es que ya no se estigmatiza sólo a quienes poseen ciertos signos corporales, sino que el estigma se da por otras razones, por ejemplo *condición social, origen étnico, religión, sexo*, etc., lo cual hace que los estigmatizados sean muchos más que en cualquier otra época, ya no es necesario oponerse o romper con las costumbres morales del momento, sino que aparece, muchas veces, como condición heredada y se transmite de generación en generación.

En términos de Goffman esto es lo que se llama la "identidad Social" y nos dice que existen tres tipos diferentes de estigma: 1) *"Las abominaciones o deformidades del cuerpo,…2) los defectos de carácter del individuo que se perciben como falta de voluntad, pasiones tiránicas o antinaturales, creencias rígidas y falsas, deshonestidad.….3) los estigmas tribales de la raza, la nación, la religión, susceptibles de ser transmitidos por herencia y contaminar por igual a todos los miembros de una familia[53]"*

---

[52] Goffman, E. Estigma, La Identidad Deteriorada. (Amorrortu Editores. Buenos Aires. 2003) p.11.

[53] Op Cit. P. 14.

Por otro lado, dentro de estas formulaciones de la desviación social nos encontramos con la teoría de la *Etiquetación. En esta teoría, la desviación social no es una cualidad de la persona, sino de las consecuencias de la aplicación de las reglas y sanciones que impone la sociedad y sus instituciones de control, contra el desviado. Ella refiere a la reacción de la sociedad ante aquel acto que considera antisocial o ilegal.*

La etiquetación es un proceso por el cual la persona es identificada y señalada como desviada y, durante el mismo, asume un estilo de vida desviado, de acuerdo a lo que la sociedad le dice que ella es. En sus aspectos generales, la desviación envuelve en sí dos aspectos fundamentales: la desviación primaria y la desviación secundaria.

La desviación primaria refiere a la violación de la norma y la reacción de la sociedad ante la conducta que no es aceptada. Se identifica al sujeto como desviado. La desviación secundaria ocurre cuando la persona asume una conducta y estilo de vida antisocial relacionado con la etiqueta impuesta por los demás. Es una forma de aceptación y adaptación a un estilo de vida que surge cuando el individuo es rechazado por la comunidad o grupo social.

Desviación social, etiquetación y estigma son causa de conflicto social.

Lewis Coser, es el primero en elaborar una teoría del conflicto social, que parte de la idea de la lucha, que menciona Simmel. En ella sostiene que no todo conflicto social tiene un valor negativo para la sociedad en que se desarrolla y que el conflicto tiene un cierto valor positivo, y lo define en los términos siguientes: *"la lucha por los valores y por el status, el poder y los recursos escasos, en el curso de la cual los oponentes desean neutralizar, dañar o eliminar a sus rivales. "*[54].

---

[54] Coser Lewis Alfred. Las Funciones Del Conflicto Social. (México-Buenos Aires: Fondo De Cultura Económica. 1961) P. 25.

En su perspectiva el conflicto tiene dentro de un grupo, la función de facilitar el establecimiento o restablecimiento, de la unidad y la cohesión, cuando éstas se han visto amenazadas por sentimientos hostiles y antagónicos entre sus miembros. Sin embargo, no todo tipo de conflicto beneficia a la estructura del grupo, pues ello depende del fin por el cual se lucha y del tipo de estructura social en que se desarrolla el conflicto.

Coser tipifica a los conflictos en dos grandes grupos:

1. *Los conflictos sociales internos*, los cuales refieren a objetivos, valores o intereses que no contradicen los supuestos básicos en que se cimienta la relación y tienden a resultar positivamente funcionales para la estructura social.

2. *Los conflictos externos*, los cuales se desarrollan intergrupalmente.

Este autor realiza, además, la distinción entre: conflictos realistas y no realistas. *Los conflictos realistas son aquellos conflictos sociales que resultan de la frustración de las demandas específicas dentro de una relación y de la estimación de ventajas que obtendrían los participantes, se orientan hacia lo que se supone que es la causa de la frustración.* En tanto que son medios para alcanzar fines específicos, puede reemplazárseles por modos alternativos de interacción con la parte contendiente, si semejantes alternativas parecen más adecuadas para la realización del fin buscado.

Los conflictos no realistas o imaginarios no son causados por los objetivos antagónicos de los adversarios, sino por la necesidad dé aliviar la tensión en uno de ellos o en ambos. En este caso el conflicto no se orienta hacia la obtención de resultados específicos. El conflicto imaginario es un fin en sí mismo y sólo produce alivio a la tensión, el antagonista escogido puede ser sustituido por cualquier otro blanco adecuado.

Como ya mencionamos, el conflicto ya había sido planteado por Simmel, pero él lo llamo lucha. Es el quien pone en el tapete de la discusión sociológica el tema de la lucha como fenómeno social asociado con el hombre.

Fenómeno que tiene distintas manifestaciones y funciones; por un lado, se presenta como una forma de asociarse y, por otro lado, evita que el individuo se mantenga indiferente ante la realidad. Nuestro autor sostiene que la lucha es una forma de interacción humana y una de las formas más puras de socialización, dándole así un valor funcional en la vida social.

Dice Simmel en referencia a la relación entre lucha y proceso de socialización *"si toda acción reciproca entre hombres es una socialización, la lucha, que constituye una de las vivas acciones recíprocas y que es lógicamente imposible de limitar a un individuo ha de constituir necesariamente una socialización."*[55] Y agrega a ello que es funcional porque en tales procesos, lo individuos tienden a darle algún sentido a la interacción humana.

Luego de categorizarlo como funcional, pasa a identificar algunos elementos disociadores que están presentes en todo proceso de lucha, nos dice: *"de hecho, los elementos propiamente disociadores son las causas de la lucha: el odio, y la envidia, la necesidad y la apetencia."*[56] Así entendida la lucha pasa a ser un elemento de distensión entre fuerzas adversarias, lo cual da como resultado la unificación, que, en casos extremos, resulta en la aniquilación de los oponentes.

Entiende que considerar la unidad pura en un grupo es, además de un hecho irreal un hecho utópico y a la vez inexistente. Al respecto afirma: *"la sociedad necesita una relación cuantitativa de armonía y desarmonía, de asociación y de competencia, de favor y disfavor, para llegar a una forma determinada."*[57]

Esta relación ambivalente, da una sensación de que no nos encontramos en una completa opresión, sino que también percibimos una compensación, la cual nos hace más soportables determinadas situaciones, por muy desventajosas

---

[55] Simmel, George. Sociología: Estudio Sobre las Formas de Socialización. (Madrid, Revista de Occidente, 1977) p. 265.
[56] Op. Cit. 265.
[57] Op. Cit. P. 267.

que estas sean para nuestra posición, puesto que la lucha da esperanza a quien la emprende.

La importancia que el tema de la lucha reviste para la sociedad ha hecho que el mismo sea abordado por un importante número de autores, entre los que encontramos a Max Weber, para quien la lucha es *"la relación social cuando la acción se orienta por el propósito de imponer la propia voluntad contra la resistencia de la otra u otras partes"*[58] tiene así un sentido de poder, basado en la dominación de los adversarios, independientemente de las manifestaciones de aceptación o no, que se den en este proceso.

Ambos autores, Simmel y Weber, reconocen que existen diferentes tipos de lucha y las mismas pueden ser gradadas. Así, en Weber, encontramos que, cuando la lucha se produce de forma pacífica se denomina competencia, en ella hay ausencia de la violencia y, por otro lado, cuando esta se produce en forma latente se llama selección; la cual puede ser *"selección social, cuando se trata de posibilidades de vida de los vivientes, o selección biológica cuando se trata de las probabilidades de supervivencia de tipo hereditario.*[59]*"*

Por su parte, Simmel ya había hablado sobre la competencia en términos similares a los de Weber, específicamente cuando califica a esta como una lucha indirecta, al cual suma otro tipo de lucha: aquella se da por el placer de luchar, por el placer de combatir,

"si la lucha se desencadena por algún objeto, el afán de posesión o de dominio, la cólera o la venganza, entonces no sólo dimanan del objeto o situación que desea alcanzar condiciones que sometan la lucha a normas comunes o restricciones recíprocas, sino que, por perseguirse una finalidad exterior a la lucha, este adquiere un color peculiar, merced al hecho de que todos los fines pueden, en principio, conseguirse por varios medios"[60] y estas se dan, nos dice, por cierto instinto natural de hostilidad en el hombre.

---

[58] Weber, M. Op. Cit. p. 31.
[59] Op. Cit. p. 31.
[60] Simmel, G. Op. Cit. p. 277.

Cuando la lucha se manifiesta de esta manera su fin unificador desaparece, se reduce a su mínima expresión o es inexistente.

Otra de las categorías que menciona Simmel, sobre las formas de lucha, es aquella que tiene como motivación la enemistad, *"el fenómeno singular del odio social, esto es, del odio contra un miembro del grupo, no por motivos personales, sino porque significa un peligro para la existencia del grupo"*[61] Esta categoría es observable en grupos en los que existen diferentes facciones, y, una de ellas, pone en peligro a otra u otras, generando así un sentimiento de rechazo persistente y con manifestaciones pasionales.

Simmel suma, como categoría de lucha, a aquella que compromete al grupo como un todo, la cual se manifiesta en situaciones de ataque y defensa, donde las posibilidades de ganar dependen exclusivamente de la concentración y de la cohesión grupal, las cuales no deben diluirse en esfuerzos parciales de pequeños grupos o facciones, *"la guerra exige la centralización del grupo y el despotismo es quien mejor puede garantizarla. Mas, por otra parte, una vez que el despotismo está implantado y realiza aquella forma, las energías acumuladas tienden fácilmente a descargarse en una guerra exterior"*[62] Lo básico, en este caso, es dejar de lado las diferencias entre las facciones y unificar esfuerzos ante un enemigo común.

Para Simmel, la organización en los grupos reviste gran importancia, para él *"la **asociación** para ciertos fines es la forma sociológica absolutamente discreta; sus coparticipes son psicológicamente anónimos y, para constituir la asociación, lo único que necesitan saber unos de otros, es que, efectivamente, la constituyen."*[63]

Además del estigma, etiquetamiento, la lucha y el conflicto, al hablar de desviación social es necesario referir a la anomia.

---

[61] Op. Cit. 295.
[62] Op Cit. 326.
[63] Simmel, G. Op.Cit. p. 366

El término Anomia es introducido en las ciencias sociales, en 1893, por E. Durkheim para referir a la pérdida creciente de normas como efecto de la división del trabajo y sobre todo como consecuencia del aumento sin límite de las expectativas que se presentan especialmente en momentos de depresión o prosperidad social. Para Parsons, anomia es el "quebrantamiento completo del orden normativo"[64]

Merton, hace una propuesta desde este concepto, para el estudio de algunas situaciones sociales, en donde manifiesta que *"la conducta anómala pude considerarse desde el punto de vista sociológico como un síntoma de disociación entre las aspiraciones culturalmente descritas y los caminos socialmente estructurales para llegar a ellas[65]"*. A esa disociación entre valores finales y valores instrumentales, es a lo que él llama *Anomia*.

Trata de descubrir como "algunas estructuras sociales ejercen una presión definida sobre ciertas personas de la sociedad para que sigan una conducta inconformista y no una conducta conformista.[66] Por lo tanto, la anomia, *"se refiere a una conducta apartada en forma significativa de las normas establecidas para las personas de acuerdo con su status social... (y) ha de relacionarse con las normas socialmente definidas como apropiadas y oralmente obligatorias para personas de distintos status."*[67]

Para exponer su teoría de la anomia, Merton nos da una clasificación o tipología de los modos de adaptación individual:

1. Conformidad: con aceptación a los fines o metas culturales y medios institucionales, es la más común y la más ampliamente difundida.

2. Innovación: se apega a las metas culturales, pero frecuentemente utiliza medios diferentes a los

---

[64] Parsons, Talcott. El Sistema Social. (Madrid. Alianza Editorial. 1988) p. 57.
[65] Merton, R. teoría y Estructuras Sociales, (México. Fondo de Cultura Económica, 1965) p.212.
[66] Op. cit. p. 140.
[67] Merton, R. Social Problems and Sociological theory", en Merton, R. y Nisbet, R. Contemporary Socials Problems. Pp. 723-724.

institucionalizados, o que están proscritos y que a menudo le proporcionan el éxito.

3. Ritualismo: implica el abandono o la reducción de los altos objetivos culturales del gran éxito pecuniario y de la rápida movilidad social a la medida en que pueda uno satisfacer sus aspiraciones.

4. Retraimiento: es la menos común. Los individuos que se adaptan (o se mal adaptan) de esta manera…están en la sociedad, pero no son de ella.

5. Rebelión: Esta adaptación lleva a los individuos que están fuera de la estructura social ambiente a pesar y tratar de poner en existencia una estructura social nueva[68]"

Por su parte, Johnson, sostiene que anomia es *"una condición en la que muchas personas en un sistema social tiene escaso respeto por alguna o algunas normas sociales, y está perdida de legitimidad es achacable en parte a algo de la estructura social misma….no sabemos cuántos factores distintos pueden producir anomia…uno es el conflicto de roles o más en general, conflicto de normas."*[69]

3.2. La conducta desviada y la anomia, en las Maras y las Pandillas Juveniles:

Si se siguen las afirmaciones de Durkheim y Merton, se puede afirmar que las Maras y Pandillas Juveniles son grupos anómicos, tal y como lo plantearemos en los capítulos siguientes. En el mundo de las pandillas juveniles, no existen las normas sociales compartidas con el ciudadano común. Por lo tanto, esos grupos no observan lo dictado por las buenas costumbres, la moral y el respeto al que adhiere y ha consensuado la sociedad hondureña.

Además, su actuación dentro de la sociedad hondureña se caracteriza por cometer crímenes, robar, secuestrar, chantajear, asesinar por encargo, traficar drogas y armas.

---

[68] Op Cit. Pp. 218-235.
[69] Op. Cit. pp. 614-615.

Actividades estas, que están al margen de la norma legal y también de las normas sociales. Es decir, que las Maras y las Pandillas Juveniles viven en un mundo de subcultura o contra cultura respecto de la sociedad hondureña.

No adhieren a los valores culturales ni cívicos predominantes en Honduras. El, por ellos llamado *"amor al barrio"*, suplanta la mayor parte de los afectos. Las reglas establecidas por ellos, tales como, lealtad al barrio, solidaridad con el hommie (compañero), muerte al que da rata, entre otras, no tienen referencia en la sociedad hondureña.

Como ya expresamos, una de las principales características de las Maras es su permanente conflicto, respecto de lo cual, podemos afirmar, utilizando términos de Coser, que la lucha en estos grupos, se ha convertido en un conflicto realista, si se toma en cuenta que el fenómeno de las Maras es el resultado de los ya endémicos y eternos reclamos de las clases desposeídas de los países Centroamericanos, que ven frustradas sus aspiraciones de conseguir mejores condiciones de vida, condiciones que, de una u otra forma, son alcanzadas con la pertenencia a estos grupos.

En esta lucha, lo importante para ellos es imponer la propia voluntad, sin medir las consecuencias, aun en contra la resistencia que se puedan encontrar. Los mareros, canalizan en el *barrio* necesidades afectivas, sentimientos de pertenencia, y encuentran en el grupo también, los referentes de poder. Los *barrios* sustituyen la función que correspondería a diversas instituciones sociales, proporciona satisfacciones que la sociedad debería de dar a los jóvenes, tales como, entre otros, identidad, seguridad y espacios de interacción.

El poder en la pandilla, ejercido en forma personal, lo tiene aquel pandillero que sobresale. Es un poder que se organiza en favor de la fuerza latente de ese grupo y en contra de los que no adhieren y en contra del mismo grupo. Este poder, es el que legitima a la autoridad del líder dentro de la mara y la pandilla. Es una especie de relación de dominación a través de la conquista. Radica en la fuerza.

Al parecer, ellos son incapaces de reconocer su actuación anómica y no reparan en los daños que de su acción puedan devenir.

Por otro lado, pareciera ser que la única voz que los jóvenes excluidos tienen para ser escuchados es la de la violencia. Su integración en estas bandas juveniles le proporciona acceso a la auto confianza y al reconocimiento social. Lo cual implica para ellos un sentimiento de inclusión y un medio económico para vivir, así como también llenar el vacío que dejan algunas instituciones sociales.

Por otro lado, las medidas tomadas por el Estado, de las que más adelante daremos cuenta, tipifican como delito el sólo hecho de ser miembro de alguna de estas agrupaciones, con penas de hasta 30 años, sin derecho a fianza. Con lo cual se indica que se ha criminalizado el hecho de ser marero, independientemente de que haya o no cometido un delito. Los gobiernos estigmatizaron legalmente a los miembros de las maras al criminalizar la pertenencia a estos grupos. Más aun, se estigmatizó el hecho de portar un tatuaje en el cuerpo, *por lo que ahora, con el estigma del tatuaje, el joven tatuado es marero, y el marero es equivalente a criminal.*

3.3. La Lucha como manifestación social en las Maras y Pandillas Juveniles.

Una de las principales características de las maras y pandillas juveniles, es su permanente lucha con otras pandillas rivales. Entre las causas más reconocidas de lucha que enfrentan a pandillas rivales se encuentra el dominio territorial, el control geográfico de un espacio que les permita, a la vez, controlar el mercado criminal e imponer en el mismo la propia voluntad.
 La lucha es encarnizada y a muerte. La violencia es el eje definitorio de la delimitación de poderes y segregación barrial.

Tanto Weber como Simmel, reconocen que tal tipo de lucha esta es una forma de socialización, de acción recíproca y unificadora entre los individuos que componen un grupo. La lucha en las pandillas se produce en dos direcciones: hacia lo interno del grupo y hacia el exterior del mismo.

A continuación, enfocaremos nuestros argumentos buscando describir las manifestaciones de lucha que se dan en el interior de estos grupos.

En estas organizaciones, sus miembros tienen gran camaradería y respeto unos por otros, lo que es mantenido por una férrea disciplina. El trato cotidiano entre ellos es formal, todos se tratan de usted y no se admiten bromas de mal gusto o expresiones soeces.

Por otro lado, en la toma de decisiones no hay espacio para aquellos que no son miembros de la estructura que el líder ha armado entorno a sí o que puedan deliberar sobre algunos puntos que son de exclusiva responsabilidad de los líderes, pero en el hecho de escalar posiciones o alcanzar un mayor grado de acercamiento al líder, se crea un ambiente en el que se expresan tensiones de baja intensidad. Así, dentro de estos grupos, como en cualquier otra organización, se manifiestan conflictos provocados por envidias, celos y odio personales.

Una expresión de esa lucha es el intento que tienen algunos miembros por ser *'él'*, de avanzar dentro de estructura, de ganar puntos y quitar de la competencia a posibles rivales. La motivación está en el deseo de dejar de ser del montón dentro de la pandilla, pasar de ser un pandillero permanente y convertirse en líder, en un *"master hommie"*.

Al tener estos grupos una estructura interna bien definida, el hecho de llegar a posiciones de liderazgo le brinda a quienes ocupan esos cargos algunos beneficios, tales como son el acceso a los botines y recursos que estos producen: drogas, armas, mujeres, poder, etc.; por lo que cubrir esa aspiración, entre los pandilleros, sólo es posible si acceden a un liderazgo y allí nacen los conflictos internos.

Entre las maras, los cargos de liderazgos lo ocupan las personas que demuestran tener mayor fuerza o capacidad de pelea, aunque, en ocasiones, esos liderazgos recaen en los veteranos.

Como expresa Portillo, *"Las pandillas,…, suelen caracterizarse no sólo por la alta dosis de violencia que ejercen entre ellos mismos y contra otras personas, sino también por la complejidad de su estructura grupal y rápido crecimiento."*70

Existe también una lucha enfocada al exterior del grupo, especialmente entre pandillas rivales. La Mara Salvatrucha, MS XIII, y la Pandilla 18, Barrio 18, grupos enemigos entre sí. El objeto del enfrentamiento es eliminar al enemigo, eliminarse la competencia. En sus enfrentamientos llegan a utilizar la tortura, para infringir sufrimiento al enemigo, antes de asesinarlo.

La lucha es a muerte y sin tregua. No hay margen, por lo menos en Honduras, para que haya arreglo entre ellas; es tanta su rivalidad que en las cárceles los mareros de bandas rivales tienen que permanecer separados para evitar enfrentamientos.

La lucha es por el control de zonas, por mercado de drogas o de armas. El ganar el dominio de un territorio, ofrece al vencedor un sin número de posibilidades y transacciones que dejan pingües ganancias para el grupo, aunque todas ellas están condenadas por las normas legales. Además, vencer al rival incrementa las posibilidades de reclutar nuevos aspirantes.

La lucha de las Maras se da también en otros frentes externos que van más allá de las pandillas rivales. Tal lucha es especialmente, contra las autoridades gubernamentales, las

---

70 Portillo, Nelson. Estudios sobre pandillas juveniles en El Salvador y Centroamérica: una revisión de su dimensión participativa. Revista Apuntes de Psicología, Universidad de Sevilla, España. 2003, volumen 21, No 3. pp. 475.

fuerzas de seguridad y del poder judicial, a los cuales amenazan, extorsionan y las eliminan cuando representan algún riesgo para ellas.

Dentro de este mismo grupo se encuentran los policías que viven dentro del sector de dominio de las pandillas.

La lucha, como proceso de socialización, está presente en el fenómeno pandilleril, con manifestaciones hacia el interior y el exterior del grupo. En el primer caso, la lucha es individual o de facciones, en el segundo, cada pandilla lo hace como grupo, como un todo.

En los últimos tiempos y como resultado de la aplicación de leyes más severas, la policía sospecha que ambas pandillas, la MS XIII y la 18 de Honduras, se han reunido y han establecido un *'pacto de no agresión'*, y que, como producto de tal pacto, han pasado a identificar como enemigo común de ambos a la autoridad del Estado. Entre esas sospechas también está aquella que sostiene que se han repartido el mercado criminal y que una de ellas se quedó con el mercado de las drogas y la otra con el de robo de vehículos.

En nuestro trabajo de campo, al consultar a algunos líderes sobre la cuestión, ellos negaron tal versión y nos manifestaron que es imposible llegar a cualquier tipo de acuerdo entre los *'chuntaros'*[71],los propios y los *'panochos'*[72], calificativo descalificador con el que designan a la pandilla rival y, a la vez, nos reconocieron que siguen siendo enemigos a muerte

3.4. Entrevistas a Pandilleros:

Para comprender de forma más acabada el pensamiento anómico que prevalece en la mentalidad de los miembros de

---

[71] Este vocablo, es utilizado por los miembros de la pandilla 18, en forma despectiva, para identificar a sus rivales de la MS XIII.

[72] Esta frase, es la respuesta a la anterior por parte de la MS XIII, es decir que es la forma despectiva de llamar a los miembros del Barrio 18.

estos grupos, transcribimos a continuación una entrevista realizada con un pandillero del Barrio 18.

El Zope,[73]*,* de 22 años, 8 de ellos en la pandilla, es pandillero permanente y tiene bien internalizado el proceso de socialización impuesto por estos grupos, es altanero, muestra en su trato aires de superioridad y de vanidad.

Al iniciar la entrevista nos dice: '*óigame usted man, nosotros los de la 18, somos los macizos, no somos rabiches como los chuntaros, tenemos estilo, tenemos un buen gusto para las cosas, somos gánster, no cualquier pandillero basura.*

Para algunas misiones especiales, tenemos que movernos en máquinas[74] del año porque si andamos en cualquier nica[75] nos puede detectar la chota[76] o algún sapo[77] avisarles.

Nos movemos en esas máquinas, cuando vamos a colonias de la jailai[78]si ya hemos pintado[79] a alguien, le ponemos,[80] nos llevamos lo que encontremos, vehículos, joyas, armas, varas,[81] y si alguien se opone, allí nomás lo tumbamos[82]. Pero ha habido gente que solo del susto se han palmado[83] y que se le va a hacer.

A veces hay cipotas[84] bonitas o si no, nos encontramos con alguna de las nachas[85]que están bien buenas, pero es prohibido hacerles algo, pero nos ponemos de acuerdo y las violamos, total, hay que

aprovechar el momento, a esas chavalas[86] uno no las puede conseguir.

---

[73] Diminutivo de zopilote, un ave de rapiña que vive en Centro América.

[74] Automóviles.
[75] Vehículo viejo y descuidado.
[76] La Policía
[77] Vecino que informa
[78] Colonias exclusivas donde vive gente de la alta sociedad, modismo hondureño de pronunciación de higth life.
[79] Identificado con anterioridad
[80] Le robamos, nos metemos a su casa.
[81] Dinero
[82] Matamos
[83] Muerto
[84] Muchachas
[85] Trabajadora doméstica
[86] Muchachas.

Un día, nos mandaron a azorar[87] un viejo, que es dueño de buses y no quería pagar el impuesto, la renta, entonces nos juimos en la noche y entramos con todo, armamos una tirazón dentro de la casa, metimos a todos dentro del baño y le poníamos los trozos[88] en la cabeza, les decíamos que los mataríamos como perros allí mismo, los dejaríamos como sardinas en el baño. El pobre viejo no aguantó, allí nomas se palmo[89], ahora vamos a ver quién quedo de encargado de los buses, para pasarle la balanza[90] a él. Porque los buses siguen trabajando y nos tienen que pagar porque lo hagan, mala suerte para ellos que el viejo se palmó.

Así lo narro *el Zope*, sin remordimientos, sin inmutarse, sin la más mínima expresión de arrepentimiento, había en el cierto grado de sarcasmo por estar contando algunas de sus *hazañas*.

Después de una pausa, que aproveche para reflexionar sobre lo que me estaba contando sobre violaciones y asesinatos; prosiguió:

Otra vez, nos encontramos con la jura[91] era de madrugada, solo los pintamos[92]desde largo y los empecemos a rociar de lágrimas[93] no hallaban donde meterse esos chepos[94] basuras y ni sabían de donde le llovían los balazos, después de los chuntaros, nuestros enemigos son ellos, los chepos, esos malditos, antes no les hacíamos nada, pero ahora con tanto operativo que hacen, se las hemos cantado[95] de todos modos, a nosotros cuando ellos nos agarran nos pegan unas vergueadas[96] que lo escapan de matar a uno, nos tratan como animales, nos pegan en la cara con los fusiles, nos agarran a patadas, y eso que hay cámaras, porque siempre andan con los putos periodistas, si no quien sabe lo que nos pueden hacer, seguro que nos palman[97].

---

[87] Dar un susto
[88] Armas de fuego.
[89] Falleció.
[90] Cobrarle la renta.
[91] Calificativo despectivo que recibe la Policía y el Ejercito
[92] Miramos, divisamos
[93] Dispara en contra de alguien.
[94] Calificativo despectivo que se les da a los policías.
[95] Se lo han advertido
[96] Golpiza
[97] Matan

Allí hay un hommie, que esos vatos lo dejaron en silla de ruedas, le pegaron un tiro en el lomo[98] y el ya no puede caminar, pero nosotros le damos todo y cada vez que podemos nos vengamos de ellos.

En el barrio vivía un chepo que lo teníamos sentenciado, si no nos decía nada cuando había un operativo, le quebraríamos[99] la familia, se la haríamos picadillo si no se ponía claro con nosotros. Ese vato no aguanto, mejor se fue para otro lado, a saber dónde vive ahora, con el barrio nadie se mete.

Esta narración muestra, por sí misma, el deseo y sed de venganza de aquellos individuos que han sido socializados por las maras y pandillas. La frialdad y crueldad con que nuestro entrevistado narró los hechos, ponen en evidencia que para ellos no hay normas sociales y convencionales, sólo es lo que ellos creen y su actuación en consecuencia con tales creencias.

Para dar fundamento empírico a las luchas de las pandillas, entrevistamos a un informante clave perteneciente a MS XIII: **'El *Culi*'** que, según él, su sobrenombre es un diminutivo de *"culicha"*[100] por ser de contextura muy delgada. Al encontrarnos vimos que su cuerpo estaba completamente tatuado con los símbolos de su pandilla. Según nos dijo, procedía de una familia desintegrada, su refugio era el mercado y es allí, donde conoció a unos individuos que ya estaban en una pandilla, con quienes comenzó a tomar contacto y lo convencieron de ingresar en ella. Esto ocurrió en 1997, cuando solo tenía 11 años, hoy tiene 21 y tiene 7 dentro de la pandilla.

En su espalda lucía tatuajes con letras identificatorias de su grupo; en el pectoral izquierdo tenía tatuajes que representaban a dos payasos, uno sonriendo y el otro llorando.

Ante la pregunta: ¿Cuánto tiempo hace que anda en esto?

---

[98] Espalda
[99] Mataríamos
[100] Hondureñismo que se utiliza para denominar a las lombrices

Respondió , "*Paisa, yo ya hace días ando en estos agites[101] desde los 11 años, yo andaba en la calle, mi mamá era prostituta, mi padrastro me pegaba, a veces hasta me tocaba, entonces yo me la daba[102] para la calle, iba por el mercado me llevaba con otros 'chingo de guirros'[103] nos metíamos 'chemo'[104], marihuana, robábamos y quitábamos carteras y bultos a los que andaban comprando, la verdad es que hacíamos cualquier cosa que nos diera 'pisto'[105] para después drogarnos, no me interesaba la comida, para nada.*

Me brincaron cuando tenía 14 años creo, esa es una buena 'marimbeada'[106] que le dan a uno, me metí porque quería mejorar mi vida, yo ya era 'rabiche'[107] y en la mara, sabía que me iría mejor y así fue.

Le pregunté: Paisa, dígame: ¿tuvo que pelear alguna vez?

Una vez andábamos patrullando el sector del barrio, y cuando pasábamos por el boulevard, nos encontramos con un 'panocho',[108] ese 'vato se cagó'[109] cuando nos vio, como que miró al 'mero cachudo'[110] se la quiso dar, pero ya era tarde, lo montamos al carro[111], y lo llevamos para un cerro.

En ese momento observé que se le dibujaba una sonrisa burlona, con la que mostraba satisfacción al recordar lo que había hecho en esa oportunidad y me estaba narrando.

Prosiguió su relato en estos términos: "*Ya en el cerrito, lo empezamos a golpear, y le decíamos que la MS XIII era la 'mera mera', que los panochos[112] no valían nada. Le pegamos una calentadita, que quedo loco; ese pobre venía de ver a su mamá, pero no sabía que nosotros lo encontraríamos.*

---

[101] Andar en asuntos complicados.

[102] Irse del hogar, salir a la calle, deambular.

[103] Conjunto de niños que andan juntos.

[104] Resistol amarillo cuya utilidad comercial es pegar cueros, especialmente zapatos.

[105] Hondureñismo, usado en la jerga de la calle para designar el dinero.

[106] Golpiza dada o recibida por alguien y que se caracteriza por haber sido hecha sin compasión.

[107] Ladrón de poca monta.

[108] Pandillero de la 18.

[109] Asustarse

[110] Al mismo diablo en persona.

[111] Automóvil

[112] Pandilleros de la 18.

Cuando ya estaba cansado de tantos macanazos[113] *que le pegábamos, empezamos a sacarles las uñas de las manos, ese pobre berreaba como chancho.*[114]

A mi allí me dio un poco de lastima, pero si me notaban, me podían joder a mí. Después de tantas cosas que le hicimos que ni me quiero acordar, un 'hommie' que andaba allí, le pego unos tiros, allí 'mero' lo dejamos tirado como perro, porque eso es lo que son esos 'panochos', unos perros de mierda.

Por momentos sentí que se avergonzaba de lo que decía y al notar que lo miraba y creerse descubierto, cambiaba de semblante y adoptaba una posición más desafiante para mostrar rudeza.

Entonces le pregunté: ¿No se arrepiente de lo que hizo?

Me dijo: *me acuerdo de cada una de las cosas que hecho contra algunos vatos y paisas ... Una vez participe en una calentadita contra el que era mi mejor amigo, pero no había de otra, era él o yo, él no aguantó, porque la orden era dejarlo en cama, allí nomás se murió.*

Le voy a ser sincero 'maitro'[115]*por diosito que me arrepiento, me duele haber hecho algunas cosas, pero es que uno cuando anda en estas 'papadas',*[116] *no le queda más que hacer las cosas bien, porque si no, lo joden a uno. A los panochos que nos hemos echado*[117]*, por esos sí que no siento nada, sólo por el chavalo*[118] *que le cuento, ese sí me dio algo feo aquí.* Lo dice tocándose el corazón.

Con sus respuestas, *el culi*, nos hizo saber sobre algunos momentos que reflejan las luchas externas de estos grupos. En este caso, la motivación de eliminar a otro pandillero del grupo rival tenía como único justificativo el hecho de haber pasado por la zona que otra banda tenía bajo su dominio. Actitud que muestra el odio social que mutuamente se sienten.

---

[113] Golpes.
[114] Gemir como un cerdo.
[115] Maestro, es voz que se utiliza cuando se quiere demostrar respeto a alguien.
[116] Asuntos, cuestiones.
[117] Eliminado
[118] Niño, joven.

CAPÍTULO IV LA SOLIDARIDAD EN LAS MARAS Y PANDILLAS

Si tomamos la cuenta que del trabajo de Durkheim *De la División del Trabajo Social* y reconocemos con él que la solidaridad social es la característica estructural más relevante de los sistemas sociales y en virtud de la cual los elementos de que constan son interdependientes y conforman un todo unitario y, si al mismo tiempo consideramos que dichos sistemas, según Talcott Parsons, son el resultado de la integración, que se define desde los teoremas de la socialización y la institucionalización, salta a la vista prontamente la importancia que la solidaridad tiene para comprender e interpretar a las Maras y Pandillas Juveniles como grupo y sistema social dentro de otro sistema social más amplio.

4.1. La Solidaridad

El término *solidaridad* es introducido en el campo de la Sociología por Durkheim en la obra antes citada, la cual es su tesis doctoral y su primer gran libro. El tema planteado en este trabajo queda sintetizado por Raymond Aron, de la siguiente manera: *"¿Cómo una colección de individuos puede constituirse en sociedad? ¿Cómo es que ellos pueden realizar esa condición de existencia social que es un consenso?* [119] El mismo Durkheim responde a esa cuestión cuando afirma: *"Nos vemos llevado a preguntarnos, entonces, si la división del trabajo no tendría como función integrar el cuerpo social, asegurando su unidad."*
La división del trabajo está presente en todo momento y en todo lugar en la vida del hombre. El hombre le debe a tal división su avance y desarrollo en la historia y ella no es una

---

[119] *Cfr.* su: *Les Étapes de la Pensée Sociologique* (Paris, Gallimard, 1967) p. 319

cuestión que ataña exclusivamente a la esfera económica.

Según Durkheim, la división social del trabajo tiene tres partes fundamentales, a saber: necesidad a la que responde, condiciones y causas que se dan y la clasificación anormal que presenta. En lo que hace a la primera parte, se pregunta ¿Cuál es la función social del trabajo? y se responde: es la solidaridad, la cual tiene un carácter moral.

El símbolo visible de la solidaridad es el Derecho, dado que cuanto más solidarios son los miembros de un grupo social, más diversidad existe entre sus relaciones y es el Derecho el que hace posible la organización y condiciona algunos aspectos de las comunidades.

Sus argumentos parten de considerar los orígenes de lo que denominamos Derecho Penal o Punitivo y del Derecho Civil o Restitutivo. Nombre este último que indica que no todas las contravenciones a las normas implican una sanción o pena, sino que, en muchas oportunidades, con reparar el daño cometido se solucionan el diferendo. Bajo esta clasificación se incluyen aquellas infracciones que se resuelven en base a la simple voluntad de las partes que de mutuo acuerdo dejan sin efecto la contravención.

Ahora bien, el Derecho Retributivo es aplicable siempre que no se afecte a la conciencia colectiva o común, entendiéndose por tal *"al conjunto de las creencias y los sentimientos comunes al término medio de los miembros de una misma sociedad, constituye un sistema determinado que tiene su vida propia..."*.[120] Conciencia que es diferente a la conciencia individual, dado que tiene sus propias condiciones y características.

Cuando una persona realiza una acción en contra de la conciencia colectiva, esta acción se vuelve un acto criminal, *"Un acto es criminal cuando ofende los estados fuertes y definidos de la conciencia colectiva...no hay que decir que un acto hiere la conciencia común porque es criminal, sino que es criminal porque*

---

[120] Durkheim, Emilio. *La División del Trabajo Social.* (México, Editorial Colofón 1968) p.90.

hiere la conciencia común"[121]

Como respuesta a la acción criminal aparece la pena, la cual *consiste en una reacción pasional.* Esta característica se manifiesta tanto más cuanto menos civilizada sea una sociedad, puesto que, en esas sociedades, el objetivo es castigar por el sólo gusto de hacerlo, de infringir sufrimiento a quien ha violado una norma. Pero, a medida que las sociedades han ido avanzando, esto ha cambiado de naturaleza. La sociedad ya no castiga para vengarse sino para defenderse. Las penas se usan como un instrumento para calmar las intenciones de quienes quieren imitar tal acción. *"la pena, consiste, esencialmente en una reacción pasional, de intensidad graduada, que la sociedad ejerce por intermedio de un cuerpo constituido sobre aquellos de sus miembros que han violado ciertas reglas de conducta."*[122] Para nuestro autor *"la pena no sirve o sirve muy secundariamente, para corregir al culpable o para intimidar a sus posibles imitadores... Su verdadera función es mantener intacta la cohesión social, manteniendo toda la vitalidad de conciencia común."*[123]

Durkheim está convencido de la sociabilidad del hombre, al que interpreta como un ser que siempre ha buscado vivir en grupos o comunidades para satisfacer sus necesidades y una de las principales necesidades es la de vivir organizado, delimitando sus actuaciones a través de las costumbres y las leyes y el avance de las comunidades o grupos se debe sobre todo a la división social del trabajo, lo cual lleva a fomentar la solidaridad para fortalecer el grupo que, en última instancia, es el único que puede controlar los excesos de los individuos y sus actos.

Al retomar el tema de la solidaridad nos dice: *"es necesario, sobre todo, determinar en qué medida la solidaridad que produce contribuye a la integración general de la sociedad, pues sólo entonces*

---

[121] *Ibidem.* pp.90-91.
[122] *Ibidem.* p.96.
[123] *Idem.*

sabremos hasta qué punto es necesaria, si es un factor esencial de la cohesión social, o bien, por el contrario, si no es más que una condición accesoria y secundaria."[124]

En la relación que traza entre solidaridad y los tipos de derecho correspondientes y la sanción, Durkheim concluye lo siguiente: *"Existe una solidaridad social que proviene del hecho que un cierto número de estados de conciencia son comunes a todos los miembros de una misma sociedad. Es a ella a quien el derecho represivo representa materialmente, al menos en lo que tiene de esencial."*[125]

Nuestro autor reconoce que en las sociedades existen dos tipos de solidaridad: mecánica y orgánica. La solidaridad mecánica corresponde pues a la sanción expiatoria. En las sociedades cuya solidaridad es mecánica hay fuertes estados de conciencia colectiva, dado que ese tipo de solidaridad surge de la similitud de los miembros individuales. Para fortalecerla se expresa la coacción social a través de leyes represivas. Es decir, la conciencia colectiva, herida por el crimen, se restituye a través de una fuerte sanción.

Mientras que, por el contrario: *"La naturaleza misma de la sanción restitutiva basta para demostrar que la solidaridad social a la que este derecho corresponde, es de índole diferente. Lo que distingue a esta sanción es que ella no es expiatoria, sino que se reduce a un simple arreglo. No se inflinge a aquél que ha violado el derecho o que lo desconoce, un sufrimiento proporcionado a su mala acción, simplemente se lo condena a someterse a él."* [126]

Así como en la solidaridad mecánica, expresada a través del derecho penal, la sanción es expiatoria, en la solidaridad orgánica, expresada a través del derecho civil, la sanción consiste en un arreglo entre las partes.

De la solidaridad mecánica surgen normas para el mantenimiento del orden social, también en una sociedad compleja surgen una serie de normas con el mismo fin; es la

---

[124] *Ibidem* p. 72.
[125] *Ibidem*. p. 96.
[126] *Ibidem* p. 99

misma división del trabajo social la que la genera. La similitud de los individuos, con una fuerte conciencia colectiva y la división del trabajo social son pues, las fuentes de donde deriva la vida social.

Hasta aquí el meollo de lo que refiere a la solidaridad desde el punto de vista teórico, tal como trata el tema Emile Durkheim, para ser aplicado a las Maras y Pandillas juveniles.

Por su parte, otro clásico de la sociología, Max Weber señala que *"la situación de 'solidaridad' existe típicamente, a) en las comunidades familiares y de vida, reguladas por la tradición (tipo: casa y clan) b) en las relaciones cerradas que mantiene por su propia fuerza el monopolio de determinadas probabilidades (tipo: asociaciones políticas, especialmente en la antigüedad; pero en su sentido más amplio, especialmente en caso de guerra, existentes todavía en la actualidad, c) en asociaciones lucrativas cuando la empresa se lleva personalmente con los partícipes (tipo: la sociedad mercantil abierta), d) en determinadas circunstancias, en las sociedades de trabajadores"*.[127]

4.2. La solidaridad en las Maras y pandillas.

Las reglas que dejamos enunciadas en el apartado anterior muestran por sí mismas que el tipo de solidaridad que mantiene la cohesión de las Maras y Pandillas Juveniles es la solidaridad mecánica, basadas en su propio sistema de justicia, totalmente punitiva.

En cuanto a las sanciones y castigos que se derivan de romper esas reglas o códigos del grupo, pueden ser tipificadas de la siguiente forma:

a. *Falta no grave a las normas del grupo*, por ejemplo faltar el respeto a un compañero o tratar de agredirlo, en tal caso el infractor, es sancionado con un *'chequeo'* o *'calentadita'*[128] que

---

[127] Weber, Max. *Economía y sociedad. Esbozo de sociología comprensiva*. (Fondo de Cultura Económica, México, 1979) p. 38.
[128] Es un castigo que se infringe a alguien que dentro de la pandilla cometió un error, y se realiza mediante una golpiza.

consiste, en corregir la falta con una paliza dada por un grupo de pandilleros, elegidos por el líder y que tienen la obligación de dar un castigo ejemplar, so pena que ellos sean también corregidos con el mismo método, por no cumplir un mandato de la autoridad pandilleril. El sancionado, en ningún caso puede defenderse.

b. *Falta grave a las normas del grupo*, por ejemplo, salir del sector o territorio delimitado por la *clica* sin la autorización del jefe de la misma y realizar alguna actividad sin obtener el permiso correspondiente, entonces la pena va desde la golpiza hasta la muerte. Ante lo que se considera una falta grave de un miembro del grupo el procedimiento que se sigue es el siguiente: los jefes escuchan los argumentos del infractor para que realice su descargo sobre el porqué de su actitud y si los jefes no están satisfechos, el castigo se decide en el mismo momento que el infractor hace su descargo. En ambos casos hablamos de una especie de juicio sumarial.

La observancia de las reglas es obligatoria para todos los miembros del grupo, sin interesar su jerarquía o antecedentes dentro del mismo, las prerrogativas y privilegios no existen. Al respecto, en nuestro trabajo de campo hemos tomado conocimiento de un líder *Mara* de la ciudad de Tegucigalpa, cuya jerarquía alcanzaba el nivel nacional, quien realizó una operación sin consultar y, como consecuencia de esa operación, él y otros miembros de su grupo fueron detenidos por la policía, comprometiendo así su propia seguridad y la de quienes lo acompañaban.

Al llegar a la Penitenciaría Nacional ubicada en la aldea de Támara, cerca de la capital, renunció al grupo, hecho que se conoce en la jerga *mara* como *'peseteo'*,[129] porque a pesar de su

---

[129] Pesetearse, en el argot pandilleril, es el acto simbólico de renunciar al grupo, es la antítesis al rito de iniciación. Quien se pesetea, tiene que tacharse los tatuajes del pecho y la espalda, con una x, dándole valor simbólico a su renuncia, ante el grupo y la sociedad, no solamente tiene que expresarse, tiene que manifestarse gráficamente

muy reconocida trayectoria en el grupo y la admiración que por él sentían algunos de sus miembros, sabía que una falta de ese tipo es considerada grave y castigada con la muerte. Si bien al renunciar al grupo preservó su vida, recae sobre él una sentencia a muerte, o como se conoce en la jerga *mara "tiene luz verde"*, está condenado por el grupo.

Aquellos que no se presentan ante el grupo o la sociedad bien vestidos, higienizados, con ropas limpias o profieren insultos, se los *'chequea'*, y se les *'lee la cartilla'*,[130] que consiste en informar a la autoridad grupal u otro miembro del grupo que alguien ha cometido una infracción disciplinaria con el objeto de que sea castigado por ello.

Si un miembro del grupo tiene entredichos o molesta a algún vecino del barrio, a la primera vez el castigo consiste *"dejarlo en cama"*,[131] por medio de una violenta golpiza, si reincide, la sentencia es la muerte.

Estos ejemplos que aquí ponemos, tomados de entrevistas con informantes clave, muestran que las Maras y Pandillas Juveniles integran un grupo que se estructura sobre la base de una solidaridad mecánica dentro de una sociedad más amplia, la hondureña, donde predomina la solidaridad orgánica.

Entre las *Maras* prevalece el derecho represivo o penal y están dominadas por una conciencia colectiva común; en ellas el individuo no existe como tal, sino como miembro de su grupo de su *"clica"*, y toda desviación en su conducta conlleva el castigo inmediato, pues el crimen, como llama Durkheim a cualquier violación de las reglas cuando predomina la solidaridad mecánica, hiere sentimientos que se encuentran afianzados en todos los miembros. Esos sentimientos, fuertes y definidos, son pasionales.

---

[130] Documento de registro que utilizan las pandillas, mediante el cual llevan el control de falta y deméritos de los miembros de una clica.

[131] Cuando se da esta orden de castigo, la intención es golpear tan fuerte al castigado, que quedará tan lastimado, que no podrá levantarse de la cama por un buen tiempo, debido a las lesiones.

Entre las *maras*, las reglas sancionadas por el derecho penal propio expresan las semejanzas entre los miembros del grupo y la conducta de estos varían en la medida que dichas normas varían. En estos grupos, la voluntad de cada uno de los mareros y pandilleros se mueve espontáneamente y en unidad con la de aquellos que consideran sus pares, lo cual se corresponde con un cierto número de estados de conciencia común.

Podemos afirmar que los grupos MS XIII y 18, viven bajo un régimen de derecho punitivo, el cual genera entre los miembros una disciplina rigurosa para el cumplimiento de las normas internas del grupo. En ellos predomina la solidaridad mecánica, con fuertes limitaciones a la libertad individual, y sus miembros tienen una interpenetración y fusión de las mentalidades.

Existe también el otro tipo de solidaridad entre ellos, la orgánica. En las pandillas, es muy importante la solidaridad para el *hommie o homeboy* que está en la cárcel, o que este lisiado; el grupo no lo abandona, se solidariza con él, le envía dinero, comida y contrata abogados para su defensa, crea un fondo para auxiliar a sus miembros y pagar algunos sobornos, todo este dinero es producto de ventas de droga, arma, extorsiones, impuesto de guerra, robos y asaltos. Es una especie de seguridad social pandilleril.

Es una relación comunitaria de que se inspira en el sentimiento afectivo de los miembros. Cuando un pandillero, se destacó por sus servicios a la pandilla, es decir, cuando un miembro del grupo es 'buen soldado' como dicen ellos y por actos encomendados sus líderes, es detenido y enviado a prisión por alguna actividad propia de la Pandilla o *Mara*, estos buscan la forma de ayudarle.

Esta ayuda se transforma por medio de la contratación de un abogado que lleve su defensa y lo represente, además, si es necesario, se amenazan e intimidan a posibles testigos que puedan dar su versión en los tribunales.

A veces inclusive amenazan, chantajean o sobornan a las autoridades mismas que llevan los casos o que de igual forma deban rendir declaración testifical o realizar peritajes, o se los elimina de una vez.

Los servicios al profesional del derecho son abonados o pagados en efectivo y por adelantado o también es especies. Pero cuando estos, los abogados, se aprovecharon de la situación, se convierten en potenciales blancos de las pandillas, hasta ser liquidados. Cuando se está muy conforme con el trabajo realizado, se les premia con vehículos o casas completamente legalizadas, más bonos en efectivo con cantidades muy importante, de hecho, tiene un bureau de estos profesionales a su servicio. Además, las pandillas han evolucionado tanto, que tienen algunos de sus miembros estudiando leyes, para tener sus propios cuadros que los representen, obviamente estos estudios son financiados por ellos.

Por otro lado, cuando son detenidos por las autoridades, se avisa a prisión, para que lo reciban los colegas que allí se encuentran y financian. Pero esto es en los casos que son actividades propias de las *Maras*, porque cuando alguien actúa por su cuenta y más bien traiciona a la pandilla, comprometiéndola, estos no solamente se niegan a ayudarle, si no que dan *'luz verde'* contra ellos, por no respetar las reglas, se ordena eliminarlos. Por lo que los que se ven involucrados en estos episodios, se *pesetean*, es decir renuncian, para que los ubiquen en un pabellón diferente de donde están sus excolegas y así conservar su vida, por los momentos. Mas adelante abordaremos el tema de *'Los Pesetas'*

Cuando en una *pegada*[132] un pandillero resulta herido, si es un buen miembro el grupo pandilleril, le prestan todo el auxilio necesario, como llevarlo al hospital o a clínicas privadas, a veces se da el caso que lleva a los médicos a los lugares donde

---

[132] Se le denomina así, a todas aquellas misiones especiales que realiza el grupo, como ser asaltos, asesinatos, enfrentamientos, etc.

están los heridos, porque no se quieren comprometer y exponerlos. Cubren todos los gastos que puedan resultar necesarios para su curación y pronta recuperación.

Dentro de este grupo, están también aquellos pandilleros y mareros que están paralíticos y no pueden realizar ningún tipo de actividad, la pandilla les provee todo lo que necesitan. Por otro lado, si identifican quien o quienes son los responsables del hecho, los buscan para vengar a su *carnal*. Y además, si el *carnal* falleció, se cubren los gastos ocasionados y se le ayuda periódicamente a la familia, especialmente a los hijos del fallecido, como un programa de seguridad social para sus afiliados.

La mitad del dinero que se recauda en las calles producto de las actividades ilícitas se envía a los centros penales, para ayudar a los que están recluidos, cubran todas sus necesidades. De los que hay un control estricto en sus finanzas. Inclusive, los internos en estos centros penales no comen de la comida del resto de los internados, si no que con el dinero que reciben, compran sus alimentos afuera, exclusivamente para ellos, tiene una dieta especial. Así como artículos para su higiene personal, como pasta de dientes, jabones, papel higiénico y otras cosas de uso diario, que son verdaderos lujos. Quién está prisión, no debe de preocuparse por nada, el *barrio* provee todo.

CAPITULO V LA AUTORIDAD, EL PODER Y LA ORGANIZACIÓN EN LAS PANDILLAS

Aquí, al igual que en los capítulos anteriores referidos al grupo y la solidaridad, no ahondaremos deteniéndonos en las argumentaciones, discusiones y confrontaciones que se generan en el campo teórico entorno al concepto de autoridad, sino que tomaremos de ellas aquello que consideramos útil para ser aplicado Maras y Pandillas de Honduras.

5.1. El Poder:

El poder, puede ser entendido como un factor de coagulación que permite llevar adelante la existencia de agregados humanos y estructuras sociales, es algo que suele presentárselo como un elemento connatural de lo humano. Así, corrientemente, el ansia de poder se concibe como uno de los impulsos fundamentales del hombre, y Th. Hobbes parte de esta idea cuando afirma: *"... sitúo en primer lugar, como inclinación general de toda la humanidad, un deseo perpetuo e insaciable de poder tras poder, que sólo cesa con la muerte"*[133]

Por su parte, el pensador alemán Romano Guardini sostiene que *"...sólo puede hablarse de poder en sentido verdadero cuando se dan estos dos elementos: de un lado, energías reales, que puedan cambiar la realidad de las cosas, determinar sus estados y sus recíprocas relaciones; y de otro, una conciencia que esté dentro de tales energías, una voluntad que les dé unos fines, una facultad que ponga en movimiento las fuerzas en dirección de estos fines."*[134]

Según Weber: *"poder significa la probabilidad de imponer la propia voluntad, dentro de una relación social, aun contra toda resistencia y cualquiera que sea el fundamento de esa probabilidad"*[135]

Para el pensamiento weberiano, poder es aquella condición que permite desarrollar algunos preceptos, aunque se encuentre oposición para imponer los mismos; pero para que este poder se dé debe existir dominación, entendiendo a esta como el resultado de la autoridad.

Para Manuel Castells, poder es *"la relación entre los sujetos humanos que, basándose en la producción y en la experiencia impone el deseo de algunos sujetos sobre los otros mediante el uso potencial o real de la violencia, física o simbólica."*[136] En un sentido amplio, poder se refiere a todos los tipos de influencia entre personas o grupos.

---

[133] *Cfr.* su: Leviatán (Madrid, Editora Nacional, 1979) cap. XI, p. 199.
[134] Cfr. su: Obras (Madrid, Ed. Cristiandad, 1981), t. I, p. 171.
[135] Weber, M. Op Cit. p. 43.
[136] Castells, M. La Era de la Información, Volumen II, El Poder de la Identidad. (Siglo XXI Editores. México, 1996) p. 41.

Según Talcott Parsons, el concepto de *"poder se usa para referirse a la capacidad de una persona o grupo, para imponer de forma recurrente su voluntad sobre otros."*[137] Tanto en esta última definición, como en la de Weber y en la de Castells, se encuentra presente un condicionante de coacción, de fuerza[138]. Esta condición hace del poder una fuerza de apremio.

Por su parte, Emile Durkheim al responder a la pregunta sobre dónde reside el poder en una sociedad, sostiene que reside en el grupo social, *"los individuos no pueden hallarse sometidos más que a un despotismo colectivo, pues los miembros de una sociedad no pueden ser dominados si no por una fuerza que les sea superior, y no hay más que una que posea esta cualidad: la del grupo."*[139]

En este mismo sentido se expresa Amitai Etzioni, al afirmar que en las relaciones sociales que se da dentro de una sociedad y en las que hay una expresión de poder, normalmente no es un individuo el que la desarrolla, puesto que un hombre es incapaz en general de transformar colectividades, sino una combinación de personas que, juntas, activan su agrupación social y alteran así su vida y su yo individual.[140] Para este autor el poder es *"capacidad para introducir cambios a los que se opone resistencia; para superar toda o parte de la resistencia"* [141]

Por cierto, y más allá de las dificultades que se presentan para conceptualizar acabadamente al poder, entre los autores

---

[137] Parsons, T. Hacia una teoría social de la acción. (Buenos Aires: Kapeluz, 1968). P. 85.

[138] El componente fuerza dentro del concepto de poder es tan importante que algunos autores identifican a ambos conceptos. Así por ejemplo en la entrada correspondiente a poder en la obra dirigida por C. D. Kernig, *Sociología* se encuentra bajo el epígrafe: *Poder = Fuerza* (Madrid, Rioduero, 1975) t. 3, pp.102-124. Cuando el poder se ejerce como fuerza y en él no hay ningún elemento simbolismo sobre el que se apoye, quienes lo reciben son esclavos o sujetos totalmente sumisos. Cfr. Onofri, F., Poder y Estructuras Sociales (Venezuela, Tiempo Nuevo, 1967) p. 165.

[139] Durkheim, Emile. *La División del Trabajo Social.* (México, Editorial Colofón, 1968) p. 210.

[140] *Cfr.* su: *La Sociedad Activa* (Madrid, Aguilar, 1980) p. 7

[141] *Ibidem*, p. 756.

dedicados al tema hay cierto consenso en admitir que, entre las características fundamentales que se encuentran en su dinámica está la tendencia a transformarse en o colocarse como autoridad.

5.2. La Autoridad.

El debate actual sobre el concepto de autoridad, tanto en el campo de la Sociología como de la Ciencia Política, es muy amplio, la literatura especializada muestra las más variadas interpretaciones y, tal como lo señala Joseph Raz, *"la discusión alcanza niveles indefinidos, sobre todo a causa de la pasión que hay alrededor del mismo. Porque, mientras que en una punta del arco se encuentran aquellos que argumentan que la autoridad es un hecho natural de lo humano, en el otro extremo del mismo se presentan quienes afirman que la obediencia a la autoridad es contraria a la razón y muchas veces va en contra de los preceptos morales"*. [142] En medio de ambos extremos se encuentra una variedad de alternativas.

El origen del concepto autoridad se encuentra en la aurora del pensar político y social, lo encontramos en Platón, quien al buscar una forma distinta a la violencia para tratar los asuntos internos y externos de la polis griega, sugiere que ha de imponerse un mando por medio de la razón. Por su parte, para Aristóteles la autoridad significa el respeto por la naturaleza, los viejos, los más maduros están destinados a gobernar y los jóvenes, inexpertos e inmaduros, están destinados a ser gobernados.

Desde allí en más, nunca se dejó de tratar el tema de la autoridad, el cúmulo incalculable de páginas y tomos escritos al respecto se han visto influenciados por la disciplina científica que aplique el concepto y a la situación que se

---

[142] Raz, Joseph, *"La Autoridad del Derecho"*, en: *Philosophical Law, autority, Equality, Adjudication, Privacy.* (Westport, Connecticut, Grenwood. 1978) p.17.

analice. Así, por ejemplo, entre nosotros, Raúl Arlotti al relacionar el concepto a la política afirma que la autoridad orientada a la política es un *"poder legitimado. Esto es la relación legítima entre mando y obediencia."*[143], de este modo se entiende que la relación de mando y obediencia, de gobernante y gobernado, es establecida por una autoridad legítima y, además que la misma es aceptada por ambas vías, los que ordenan y los que cumplen esas órdenes. Pero, por otra parte, cuando hablamos de una autoridad legítima, se presenta el debate sobre si toda autoridad lo es. Al respecto, Caracciolo nos dice que,

> *"No toda autoridad es legítima, y por consiguiente, no es verdad– de acuerdo al objetivismo– que cualquier requerimiento jurídico constituye una "norma". Pero para preservar la relevancia de una autoridad normativa legítima, es preciso que los actos de promulgación– que se pueden describir en términos de OE – deberían constituir una condición necesaria (en algún sentido) para el cambio de razones para la acción, esto es, para que los destinatarios de los requerimientos deban genuinamente actuar de acuerdo con ellos. Si no es así, no existe fundamento alguno para conceder a las autoridades legítimas semejante privilegio"*[144].

Entendemos que uno de los conceptos más completos sobre autoridad es el que establece Lucas, citado por Raz, quien al referirse al mismo expresa que *"un hombre, o conjunto de hombres, tiene autoridad, si de su dicho 'que ocurra X', se sigue que X debe ocurrir."*[145]

Por otro lado, Caracciolo habla de una "ecuación básica", mencionada por Wright, para la existencia de autoridad, tal

---

[143] Arlotti, R., Vocabulario Técnico y Científico de la Política. (Bs. As., Dunken. 2003) p. 45.

[144] Caracciolo, R. La relevancia práctica de una autoridad normativa. El argumento de las razones auxiliares. (En Análisis e Diritto. 1998) P. 4

[145] Lucas, J., *The Principles of Politics*, (Oxford, Oxford University Press, 1966) P. 16.

ecuación es la siguiente: *"EB= Para cualquier N y para cualquier AL, si N es una norma promulgada entonces N es válida si, y sólo si, N ha sido promulgada por AL."*[146]

Los dos conceptos anteriores están dados desde una aproximación propia de la Ciencia Política, pero también podemos enfocarlo desde el punto de vista sociológico; en este campo, tal vez el autor más citado y que más surcos ha abierto en el tema es Max Weber, quien define a la autoridad como dominación[147], que para él es *"...la probabilidad de encontrar obediencia a un mandato determinado, contenido entre dos personas dadas"*[148]. Siendo la dominación el resultado del ejercicio de la autoridad.

Para otro de los clásicos de la Sociología, George Simmel, la autoridad se da de dos maneras: primero

> *"una personalidad superior por su valer y por su energía, inspira fe y confianza a las gentes que la rodean de cerca o de lejos; sus opiniones adquieren un peso que les presta el carácter de instancia objetiva; la personalidad consigue para sus decisiones una prerrogativa y una confianza axiomática, que supera el valor de la personalidad subjetiva, valor siempre variable, relativo y sujeto a critica. Y segundo: Una potencia supraindividual, Estado, Iglesia, escuela, organizaciones familiares o militares confieren a una personalidad individual un prestigio, una dignidad, un poder de decisión inapelable, que acaso nunca hubiera surgido de su individualidad propia."*[149]

En el primer caso, Simmel refiere a lo que puede llamarse en términos weberianos autoridad carismática, la que descansa más en la personalidad del que la posea que en una

---

[146] Caracciolo R., Op. Cit. P. 4. EB, es Ecuación Básica; N, es Norma; y AL, es Autoridad Legitima.

[147] La sinonimia entre los conceptos de autoridad y dominación en Max Weber queda tratada con gran claridad en: Fernández, M. y Biagi, M., Los Tipos de Dominación Weberianos a la Luz de la Lógica de Bochenski (Bs. As., Fades Ediciones, 1983) n| 6, pp. 9 -16.

[148] Weber, M. Op. Cit. p. 43.

[149] Simmel, G., Cuestiones Fundamentales de Sociología. (Barcelona. Gedisa 2002) P. 151.

delegación por ley. Y, en el segundo caso, se puede hablar de una autoridad legítimamente otorgada, por otra autoridad facultada para tal fin.

A diferencia de la fuerza, la manipulación y la persuasión, la autoridad se vincula a la existencia de cierta legitimidad y de una estructura jerárquica que conlleva a ordenamientos institucionalizados; pero esto no implica que la autoridad renuncie al ejercicio de la fuerza y la violencia, sino que, como ha señalado Weber, ésta se ejerce con un sustento legítimo y, en cierta medida, se minimiza la necesidad de mantener los medios de coerción en alerta constante.

Al respecto, algunos autores como H. Arendt, han señalado la necesidad de diferenciar entre el ejercicio efectivo de la fuerza y la mera amenaza de su utilización, nos dice: *"A diferencia del mero poder, la autoridad previene la aplicación de la fuerza como tal: "cuando se usa la fuerza es que la autoridad ha fallado"*[150]

Por su parte, T. D. Weldom, en su *Vocabulary of Politics*, resume lo que aquí argumentamos en los términos siguientes: *"Lo que normalmente se entiende por autoridad es la fuerza ejercitada o capaz de ser ejercitada con la aprobación general de quienes se encuentran interesados en ello."*

Tal aprobación se encuentra en la legitimidad que es el componente político que transforma el poder en autoridad[151] y la justifica ante los gobernados.

5.3. El poder se transforma en autoridad

Al volver nuestros argumentos a lo afirmado por M. Weber, nos encontramos con que reconoce que el concepto de poder es amorfo y que para darle forma es necesario entenderlo

---

[150] Arendt, Hannah. *Between Past and Future* (NY, The Viking Press, 1976) p. 93.

[151] Al respecto P. COWLEY, reconoce lo siguiente: *"... la legitimada hace que el poder deje de ser una denuda coerción y lo transforma en autoridad; fenómeno cualitativa y cuantitativamente distinto al poder"* Cfr. su: *Libertad y Libertades* (Santiago, Aconcagua, 1977) p. 79.

como dominación, a la cual define como *"la probabilidad de encontrar obediencia para un mandato por parte de un conjunto de personas que, en virtud de actitudes arraigadas, sea pronta, simple y automática"*[152] Significa que, en este momento, se expresa la posibilidad de imponer la propia voluntad, dentro de una relación social, en contra de toda resistencia y cualquiera que sea el fundamento de esa posibilidad.

Weber, al hablar sobre la dominación, enseña que ella tiene tres formas puras de presentarse; a saber: 1. Dominación Legal. 2. Dominación Tradicional. 3. Dominación Carismática. Al explicar los fundamentos de los que depende la dominación afirma: *"puede depender directamente de una consideración de intereses, o sea de consideraciones utilitarias de ventajas e inconvenientes por parte del que obedece; puede depender también de la mera 'costumbre' de la ciega habituación a un comportamiento inveterado, o puede fundarse, por fin, en el puro afecto, en la mera inclinación personal del súbdito"*[153]

En cuanto a los fundamentos en que descansa cada uno de los tres tipos puros de dominación, Weber deja apuntado lo siguiente:

> *"1. la dominación legal encuentra su fundamento en virtud del estatuto. Su tipo más puro es la dominación burocrática. Se obedece a la regla estatuida. 2. La dominación tradicional descansa en la virtud de creencia en la santidad de los ordenamientos y los poderes señoriales existentes desde siempre. Su tipo más puro es el dominio patriarcal. 3. La dominación carismática descansa en la virtud de devoción afectiva a la persona del señor y a sus dotes sobrenaturales (carisma) y, en particular: facultades mágicas, revelaciones o heroísmos, poder intelectual u oratorio. Sus tipos más puros son el dominio del profeta, del héroe guerrero, y del gran demagogo".*[154]

---

[152] Weber, M., *Op Cit*. p. 33.
[153] *Ibidem*, P. 706.
[154] *Ibidem*. Pp. 706-716.

En otros párrafos de su obra, el pensador alemán nos enseña que

> *"En el caso de la autoridad legal se obedecen las ordenaciones impersonales y objetivas legalmente estatuidas y las personas por ellas designadas, en méritos éstas de la legalidad formal de sus disposiciones dentro del círculo de su competencia. En el caso de la autoridad tradicional se obedece a la persona del señor llamado por la tradición y vinculado por ella (en su ámbito) por motivos de piedad (pietas), en el círculo de lo que es consuetudinario. En el caso de la autoridad carismática se obedece al caudillo carismáticamente calificado por razones de confianza personal en la revelación, heroicidad o ejemplaridad, dentro del círculo en que la fe en su carisma tiene validez."*[155]

En el primer caso, hablamos de una autoridad legalmente establecida; en el segundo de una autoridad heredada a veces u otorgada en otras ocasiones, según las costumbres y tradiciones de un pueblo y, en el tercero, de un tipo especial de autoridad que recae en alguien con atributos especiales que provoca inspiración y admiración en sus seguidores por sus dotes particulares. Ninguno de estos tipos ideales se da en forma pura, lo que sí puede observarse, en los casos que se pongan bajo análisis, es mayores tendencias hacia una u otra forma.

5.4. La Dominación Carismática

De los distintos tipos de dominación que nos presenta M. Weber, interesa traer a nuestro estudio la dominación carismática. Este autor entiende por carisma a

---

[155] *Ibidem*, P. 716

"la cualidad, que pasa por extraordinaria (condicionada mágicamente en su origen, lo mismo si se trata de profetas que de hechiceros, árbitros, jefes de cacería o caudillos militares), de una personalidad, por cuya virtud se la considera en posesión de fuerzas sobrenaturales o sobrehumanas -o por lo menos específicamente extra cotidianas y no asequibles a cualquier otro- o como enviados del dios, o como ejemplar y, en consecuencia, como jefe, caudillo, guía o líder."[156].

Este tipo de dominación se caracteriza por el hecho que el carisma es valorado "por los dominados", por los seguidores, los sometidos, los admiradores de esa dominación, quienes hacen de aquel que la ejerce un líder con carisma. Su fundamento y validez no es normativo, ni formal, no es instituido, tampoco es heredado, su fundamentación radica en los poderes místicos y de convencimiento que pueda poseer el líder.

La validez de este tipo de dominación radica en *"el reconocimiento -nacido de la entrega a la revelación, de la reverencia por el héroe, de la confianza en el jefe- por parte de los dominados: reconocimiento que se mantiene por "corroboración" de las supuestas calidades carismáticas -siempre originariamente por medio del prodigio... Este "reconocimiento" es, psicológicamente, una entrega plenamente personal y llena de fe surgida del entusiasmo o de la indigencia y la esperanza"*[157]

Los tipos más puros de la dominación carismática, *"son el dominio del profeta, **del héroe guerrero, del héroe de la calle** y del gran demagogo"*[158]en cada una de estas manifestaciones existe un aura de misticidad que los acompaña, el poder de la imagen, el encanto personal.

En este tipo de dominación *"la fe y el reconocimiento se consideran como deber, cuyo cumplimiento exige para sí, y cuya negligencia se castiga."*[159]

---

[156] *Ibidem* p. 20.
[157]*Ibidem.* pp. 20-21.
[158] *Ibidem.* 713.
[159] *Ídem.*

Weber reconoce, además, que es un poder con tendencias autoritarias y dominadoras y que en su forma absolutamente pura es por "completo autoritaria y dominadora"[160]

La dominación carismática supone un proceso de *comunización* de carácter emotivo y el cuadro administrativo se compone "por los hombres de confianza del líder." No existe en ella burocracia.; *"no hay "colocación", ni "destitución", ninguna carrera ni "ascenso".*[161]

Pero, este tipo de dominación tiene un momento de crisis, de peligro, de extinción, como un proceso propio de este tipo de fenómenos y ese momento es cuando se produce la *rutinización* del carisma, convirtiéndolo a este, en cualquiera de las otras formas convencionales de autoridad. Es decir que, con la rutinización o adaptación a lo cotidiano, la asociación de dominación carismática *desemboca* en las formas de la dominación convencionales,

> *"el carisma rutinizado es la forma estabilizada de la dominación que asume el liderazgo, pero, obviamente, este proceso se realiza a costa del fundamento carismático de tal liderazgo. La reproducción del liderazgo deviene dominación estable en tanto que el líder logra legitimar su supremacía sobre la creencia en la tradición y/o la costumbre y se transforma en dominación tradicional, o bien sobre la creencia en la legalidad del fundamento y del proceso de dominación y se transforma en dominación racional-legal cuyo tipo ideal es la burocracia moderna."*[162]

5.5. La Autoridad y el Poder en las Maras.

La única autoridad reconocida por los mareros es la del líder o

---

[160] *Ídem.*

[161] Ibidem, p. 194

[162] Peón C.E. y Pinto J. "Máx Weber en América Latina: su recepción temprana y algunas claves de lectura", en L. Aguilar Villanueva, La Política como respuesta al desencantamiento del mundo. El aporte de Max Weber al debate democrático. (Buenos Aires, EUDEBA. 1998) p. 20.

cabecilla, quien además participa de las reuniones con pares y de los *"meeting"* para la toma de las decisiones más importantes. En esta categoría, se encuentran todos aquellos que actúan como jefes de *"clicas"*, quienes por sistema de cooptación escogen a aquellos que se desempeñarán como líderes de la ciudad y en el nivel nacional.

Estos cargos son permanentes y se mantienen aún en el caso que alguien sea detenido, sentenciado y llevado a prisión, puesto que desde sus lugares de detención siguen manteniendo su poder y los miembros del grupo están en la obligación de respetar y obedecer sus mandatos.

En general, aquellos que han llegado a ser jefes de ciudad tienen un promedio de cinco años en la mara y han sobresalido en ella por su capacidad mando, iniciativas y suministros al grupo; y, además, han demostrado llevar el control de las *"clicas."* Control que se han ganado a pulso, por sus actuaciones en la calle, por sus dotes de guerrero que mostraron en defensa del barrio.

A pesar de que algunas funciones del jefe son compartidas por los miembros del grupo, él es el que ordena, señala y planea las conductas a seguir, hace cumplir las normas del grupo, como también impone lo que debe hacerse en materia de finanzas, determinando la cantidad de dinero que debe entregarse a cada quien, las formas de pago y, a la vez, es el juez inapelable en caso de haberse violado alguna norma interna.

La posición de mando la adquiere por el reconocimiento que los miembros del grupo hacen de sus hazañas violentas, en las que comete crueldades para ser temido y respetado por sus seguidores.

Es el referente indiscutido para los demás miembros del grupo, a los que representa ante otras *"clicas"*. El individuo que desempeña el cargo ha alcanzado un respeto al que podemos llamar absoluto y tiene el dominio pleno sobre su *"clica"*, con lo cual determina la conducta individual y grupal.

La obediencia ciega y la admiración profunda son los patrones que los mareros y pandilleros tienen respecto de sus jefes. Por lo general, el líder es uno de los miembros de mayor edad en el grupo y la personalidad de líder determina, de alguna forma, el carácter de la Mara y sus acciones. Aunque, y más allá, de la muy fuerte y constante presencia del líder en todo el accionar del grupo y de los individuos que lo componen, hay oportunidades, tales son los casos de grandes riesgos y situaciones en que la pandilla está en peligro de ser apresada o el peligro de su desaparición es considerado inminente, las acciones se establecen por el *"pleno de representantes"*, al que le denominan *"Meeting."*

Las Maras y Pandillas cuentan con un órgano superior para la toma de decisiones, en el deliberan para definir algunos cursos a tomar, sólo cuando estas son de vital importancia, a tales deliberaciones le denominan *"Meeting."* Es el órgano consultor deliberativo del grupo, es el órgano superior en la toma de decisiones. Pero toda esta actividad de violencia, de lucha, de conflicto, de imposición de su autoridad, no se da sin razón, todo lo que se hace en la Mara y Pandillas, ya sea en su interior o hacia el exterior de su grupo, es planificado y aprobado por sus líderes o autoridades cuando corresponda, y algunas veces se establece por este *"pleno de sus representantes"*. Si, aunque parezca increíble, las maras deliberan para la toma de decisiones, cuando estas son de vital importancia. *Las meeting*, son especies de congresos donde ellos deliberan, pero no como las deliberaciones que nosotros conocemos como tales, en estas reuniones, la observación de la disciplina es muy importante.

Al realizar la lectura de las normas sobre las que trazan sus relaciones sociales de los miembros de la MS XIII y del Barrio 18 st., se comprueba que en este último se le da más importancia al *"meeting"* que la que le da la MS XIII. [163]

---

[163] Ver *supra* cap. II en donde quedan apuntadas las normas y reglas de cada uno de los dos grupos.

Los *"meeting"*, son una especie de congreso o asamblea deliberativa que, en cuanto a las formas, sus participantes deben observar una rigurosa disciplina, tal como que para hablar o exponer una opinión es requisito pedir la palabra, alzando la mano y la opinión emitida debe ser considerada por los participantes como oportuna y significativa para el tema puesto bajo tratamiento, dado que hacer uso de la palabra y que los demás consideren que lo dicho no ayuda a resolver el tema o es una pérdida de tiempo tomar la decisión, se castiga.

Antes de hacer uso de la palabra, cualquier miembro del *"meeting"* debe seguir ciertas formalidades, además de levantar la mano y para pedir autorización, dice a qué clica representa, ello en función ser reconocido por los participantes del mismo y tener en claro en nombre de quienes va a hablar, o sea, quienes son aquellos lo nombraron o dónde se ganó la autoridad que goza en ese momento para participar de la reunión. Nadie puede hablar a título personal y siempre lo debe hacer por delegación.

La decisión que resulte del *"meeting"* es de cumplimiento obligatorio, quienes la van a trasladar a los distintos grupos son los líderes, y una vez transmitida la decisión su inobservancia conlleva a penas y castigos para los infractores. *El meeting* y lo que el jefe transmite de lo resuelto en él es considerado por los grupos como la máxima autoridad.

Los meeting se realizan en diferentes niveles, según la importancia de las decisiones que se deben tomar.

Hay *meeting* a nivel de la *clica* en la cual participan los miembros de la misma. A nivel de la ciudad, en la cual participan las diferentes *clicas* de la ciudad. A nivel regional, en la que se reúnen los representantes de algunas ciudades. A nivel nacional, en la que sólo participan los representantes de diferentes ciudades expresamente nominados para ello. A nivel internacional, que es donde asisten los diferentes *'nominados'* para representar a los países, donde el fenómeno pandilleril, está presente.

En cuanto a la jerarquía adquirida dentro del grupo, además de ser vitalicia, sólo se modifica con el ascenso dentro de la propia escala, hasta llegar al liderazgo, eso siempre que no se cometan errores. Respecto del carácter vitalicio del líder, sostienen que es como la autoridad del Pontífice católico, al respecto su lema *es: "como el Papa, no hay sucesor si no está muerto."* La estratificación de la autoridad entre las maras y pandillas juveniles conoce un sólo sentido: el del ascenso, no se puede bajar del escalón al que se ha llegado, todo intento por desprenderse de esa autoridad tiene un costo: la vida.

Los distintos rangos de autoridad que se le reconocen a los seguidores de un líder se adquieren realizando las misiones que les son encomendadas por él, las cuales deben ser realizadas sin vacilar y, cuanto más valor se muestre en ellas, se ganan más *"bonos"*,[164] se anotan más puntos en el registro que lleva la agrupación y es mayor el acercamiento al líder.

Las misiones para puntuar en el registro y acceder o ascender en la línea de mando y acercamiento al líder son, entre otras, *el cobro de rentas*, esto es cobrar una determinada cantidad de dinero a aquellas personas que se dediquen a alguna actividad comercial, sea esta lícita o no.

En el caso de los negocios lícitos, tales como las pulperías o kioscos, pequeñas carnicerías, lugares de expendio de aguardientes o cantinas, terminales de transporte urbano y de taxis, a las que se les cobran *rentas*, una especie de impuesto que deben pagar para poder seguir funcionando como tales o, en caso de no pagar, dejar de funcionar y eliminar a los responsables del mismo.

En cuanto a los negocios ilícitos que puedan darse en la zona de influencia de un grupo, como por ejemplo la venta de drogas, unas veces las misiones consisten en el cobro de impuesto a estas y otras, en eliminar a quienes llevan adelante esas actividades por considerarlos competencia para el grupo.

---

[164] Puntos a favor, en su registro.

Esta actividad que realizan es la que denominan *"levantar crédito"*,[165] por medio del cual neutralizan a quienes consideran su competencia con el objeto de ganar territorio.

Otras de las misiones que se realizan con cierta frecuencia es la del sicariato, para eliminar a algunas personas, y cobrar por eso.

También se considera *misión* a actividades como el robo de vehículos, el tráfico de armas, el tráfico de drogas, actividades estas en las que hay una marcada rivalidad con los narcotraficantes colombianos que operan en Honduras, a quienes muchas veces tratan de eliminar o eliminarse mutuamente, para ganar *"mercado"*.

El éxito de estas actividades resulta por su respeto ciego a la autoridad que está presente en estas organizaciones. La disciplina se cumple a raja tabla, no hay espacio para el irrespeto dentro del grupo. El que se atreve a romper alguno de los códigos, dentro de la organización, es sancionado severamente. Estos castigos, pueden ser de dos formas. Cuando la falta cometida no es muy grave, por ejemplo, irrespeta a otro compañero o tratar de agredirlo, el infractor, es sancionado con un *'chequeo'* o *'calentadita'* que es lo mismo que el brinco, pero sin termino temporal estipulado, y el sancionado, tampoco se puede defender.

Nadie puede salir del sector de su clica, sin la autorización del jefe de la misma, y para ello, debe de ser con justificación. En el caso de los jefes de clicas, estos tienen que consultar a la cadena de mando, para hacer alguna actividad, o para movilizarse de su sector. Los jefes deciden donde se van a ir a quedar durante el día, donde van a dormir, que es lo que tiene que hacer, en fin, es una agrupación completamente organizada y jerarquizada, que no hay margen para que sus miembros, sin el consentimiento de los líderes, puedan hacer algo.

---

[165] Cobro de un porcentaje, a aquellas personas que se dedican a una actividad ilícita, para permitirles 'trabajar'. O si no, las eliminan para quedarse con el 'mercado'.

Un hecho interesante en la pandilla es que ellos tienen rutinas físicas diarias para mantenerse en forma y condición física ideal, esto con el propósito de estar apto de realizar cualquier tipo de *misión especial*, en que se les requiera un estado físico óptimo. El cumplimiento de estas rutinas es obligatorio. No importa la hora en que se acuestan, tienen que hacerlo y las personas que tienen exceso de peso, se deben empeñar más, además, la vanidad ocupaba un lugar especial, a la hora de obtener buenos resultados estéticos con su cuerpo. Existen algunas reglas interesantes dentro de estos grupos, por ejemplo, el respeto es total, no se puede *ver* la mujer del otro, si tiene visita, los demás se ponen de pie.

A veces, se da el caso en que se descubre que hay corrupción entre los jefes, las cuentas no cuadran, entonces, los matan y ponen a otros, la corrupción no va con las pandillas. En el interior de la pandilla, existe o tiene que existir la armonía, debe prevalecer el respeto, inclusive el trato que predomina entre ellos, aunque sean muy amigos, es de usted, el tratarse de vos o tutearse, es considerado como una falta de respeto.

Se levantan temprano, esperan que den por medio de celular las órdenes del día, que son dictados por las estructuras superiores de estas organizaciones. Si no hay nada *especial*, se dirigen al lugar que tiene previamente establecido para vigilar, lo que entra y sale en la colonia, barrio o sector de dominio, si en ese momento pasa un objetivo potencial, como ser camiones repartidores de productos, son asaltados.

Al parecer la 18 es más *sofisticada*, como lo señalan sus miembros, no asesina por encargo, ni cobra impuesto de guerra, se dedica más al crimen organizado como tal. Algunos, han viajado a Colombia, a conocer el proceso que se realiza con el tráfico de droga y negociar directamente, han viajado a *capacitarse* en ese aspecto

Existen diferentes tipos de sanciones, entre estas se pueden mencionar, las de carácter penal, como golpes, a través de la calentadita, como ya se mencionó o también la comisión de misiones especiales, para que paguen su infracción. Y las de carácter restitutivo, como las multas.

En resumen, la autoridad entre las maras y pandillas juveniles pivotea entre dos instituciones, por un lado el líder del grupo, y por otro las decisiones tomadas por las *meeting*, entre las dos instituciones se reparte la totalidad de la autoridad existente en el grupo, pero siempre el portavoz y quien interpreta la decisión del *meeting* es el líder de la clica, en quien se resume el mando directo y quien hace que sus órdenes sean cumplidas bajo pena que, ante el mínimo intento de desobediencia, se inflija castigo, el cual puede llegar hasta la muerte.

Así, el líder de la clica es autoridad de decisión y juez de las acciones de los miembros del grupo, se le respeta como a un *semidiós*, pues su persona encarna la voluntad de todos.

La entrega de la voluntad al héroe que ha sabido cumplir con las misiones para el bien del grupo es total, las misiones cumplidas despiertan en los demás miembros toda la admiración y reverencia, allí descansa su carisma.

El cumplimiento de la misión pasa a ser, lo que Max Weber llama *"el condicionamiento mágico que da origen al carisma del líder."*

En estas organizaciones, el valor simbólico del poder y la autoridad tienen un significado importantísimo, para obtener poder y autoridad dentro de ellas es necesario recurrir de manera constante al conflicto, especialmente entre el grupo y otros grupos sociales. El conflicto tiene como objetivo conseguir, mantener y extender el poder en el grupo.

El grupo se somete al dominio del guerrero, del considerado como el más valiente, del más corajudo, de aquel que ha adquirido más méritos según la propia escala de valores, que se traduce en aquel que más actos ha realizado en favor de las maras, actos que pueden consistir en asesinatos de miembros de grupos pandilleriles rivales o de policías; actos que llevan a un miembro del grupo a convertirse en líder, en caudillo, el *'power'*[166] dentro de la organización.

5.6. La Organización en las Maras y Pandillas:

Las Maras son grupos muy bien estructurados y organizados, que cuentan con una jerarquía definida, son como organizaciones empresariales tan bien diseñadas que la policía hondureña sospecha que pueden tener vínculos con algunas redes trasnacionales.

Son una especie de sociedad criminal trasnacional. Simmel manifiesta que *"La sociedad existe allí donde varios individuos entran en acción recíproca. Esta acción recíproca se produce siempre por determinados instintos o para determinados fines"*[167]. Estos grupos viven en una especie de hermandad, dentro de la cual observan un determinado número de normas, siguen patrones de conducta definidas, respetando reglas y códigos y su forma de actuar tiene entre sus propósitos mantener y dominar lo que consideran su territorio. El marero y el pandillero sostienen que *"se vive y se muere por y para el barrio"*[168].

Las Maras y Pandillas, se organizan por barrios, en cada barrio donde existen pandillas, hay una *"Clica"*, la organización básica, más pequeña y elemental de una pandilla. Es una organización tipo celular, la que se encuentra asignada en determinado sector, según la disposición e intereses que se establecen en el grupo. Cada una de las *clicas* tiene un jefe y subjefes, quienes los asisten y finalmente están los miembros del grupo, estos últimos son los llamados los hommies o homeboys y su función es realizar las actividades

---

[166] El poderoso, el único.

[167] Simmel, George. p. 266.
[168] Entenderemos por 'barrio', a ese espacio geográfico, que tiene un gran contenido simbólico para estas organizaciones, que representa para ellos su hogar, su ambiente, su vida, su todo.

que los jefes les ordenen o demanden. La distribución de los miembros en las clicas es realizada por los cabecillas de grupos, son ellos los que asignan a sus hombres de confianza a las diferentes *clicas* y los hacen responsables de ellas. Los jefes definen estratégicamente sus objetivos y determinan qué sector tomarán, a quién designarán como responsable y quién será su segundo de cada zona. Del mismo modo operan con los miembros de cada clica.

Hay *clicas* que ya están especializadas en la realización de diferentes tipos de labores y misiones. Han diversificado su accionar, así, por ejemplo, existe la clica *'Colombia Little Sycos'*, especializada en acciones que tengan que ver con el trasiego y venta de drogas, son las encargadas del narcotráfico.

Otras de las *clicas* especializadas son *'Los Sharopa'* que se dedican a la adquisición y tráfico de armas, de pequeño y gran calibre, ya sea para negociarlas o para mantener armado a su grupo. *"Los Hollywood Gángster"* son los matones que realizan aquellos trabajos que tengan que ver con los ajusticiamientos de personas por encargo o para eliminar la competencia.

Generalmente estos grupos operan en lugares diferentes de donde está asentada su *clica*, con el objeto de no ser identificados. Así, por ejemplo, cuando realizan una *'pegada'* en un barrio, la *clica* de ese barrio no se involucra, se llaman a otros que viven en un sector diferente.

Las dos ciudades que ponemos aquí bajo estudio, Tegucigalpa y San Pedro Sula, están zonificadas, varias clicas son coordinadas por una *'Jenga'*[169], la cual tiene un jefe responsable, el que a su vez reporta al jefe de la ciudad. Cada ciudad tiene un jefe de la Pandilla o Mara, y este reporta ante un jefe a nivel nacional.

Las pandillas juveniles centroamericanas, tienen un comportamiento similar al mafioso y gansteril.

---

[169] Es la organización superior que aglutina a varias clicas, puede ser de una zona determinada de una ciudad, o bien, una jenga puede ser una ciudad con sus diferentes clicas.

Mantienen monitoreado el accionar de las autoridades policiales y de las fuerzas de seguridad, a través de sus *banderas*, de informantes claves como operadores de justicia mismos. Sus observadores vigilan e informan a sus jefes la cantidad de patrullas o vehículos policiales que salen de las distintas zonas y a los posibles lugares a los que ellas se dirigen. Su logística, acorde con las actividades que desarrollan, lleva a que se desplacen en vehículos costosos y veloces, y para ocultarse o para residencia de sus líderes, alquilan casas lujosas en zonas exclusivas.

Como ya se mencionó tienen miembros de sus grupos infiltrados en algunos organismos de seguridad del estado, los que, además de hacerles llegar información, les proveen de armamentos, uniformes, identificaciones y distintivos propios de esas autoridades. A veces, se utilizan a pandilleras para que conquisten a miembros de esas instituciones y lograr obtener mayor cantidad de información.

Como todo negocio prospero las maras cuidan de sus finanzas. La administración de las finanzas es un hecho considerado como muy importante dentro estos grupos. En la Mara Salvatrucha, son muy estrictos y llevan una contabilidad exacta; a la hora de rendir cuentas, el que va a realizar algún cobro tiene que decir cuánto le entregaron, y si al realizar su actividad tomó o comió algo, lo cual debe informar y justificar detalladamente, y si al rendir cuenta hay algún faltante, el responsable lo debe reintegrar en forma perentoria.

En la pandilla 18, la cuestión de las finanzas es algo más *flexible*. Ellos piensan que el recaudador tiene el derecho de tomar un porcentaje de lo recaudado. Esos beneficios personales resultan en que los *dieciocheros* sean más elegantes al vestir y usen más artículos suntuarios que los miembros de la MS XIII, en la que el marero común recibe del grupo sólo aquello que se considera que le es necesario.

Ambos grupos tienen contadores, responsables de legalizar sus activos y de llevar las nóminas de pago a todo aquel que haya brindado servicio, sean estos policías, abogados, militares, fiscales, miembros del poder judicial, periodistas, médicos, etc. Hay pandilleros especialistas en finanzas, que son quienes realizan tal trabajo, del cual deben rendir cuenta y mostrar que ha realizado su actividad con transparencia. Si se descubre algún acto de corrupción que perjudique a algún miembro del grupo o al grupo, el responsable de tal acto es ajusticiado.

Para los gastos menores utilizan fondos de una especie de "*caja chica*" y además utilizan 'buzones', vecinos a los cuales primero le entregan una suma importante de dinero y luego se la van solicitando del mismo pequeñas cantidades para cubrir sus necesidades más inmediatas; también utilizan el sistema financiero nacional, con nombres de allegados a las pandillas, los cuales prestan sus nombres para abrir cuentas en los bancos y adquirir legalmente armas, vehículos y bienes inmuebles.

Inclusive, han invertido en algunas pequeñas y medianas empresas, insertándose en la economía formal e informal de la sociedad. La pandilla es una asociación de personas con ingresos importantes, que cubren las necesidades básicas de todos sus miembros. Llevan un férreo control en sus finanzas, están organizados para el manejo de la economía, tienen tesorero el que a su vez es fiscalizado y llevan sus libros contables.

La pena de muerte en caso de corrupción no sólo recae sobre los responsables de las finanzas y la administración, sino también sobre los líderes.

CAPITULO VI LA SOCIALIZACIÓN EN LOS GRUPOS MARAS Y PANDILLAS JUVENILES

La obediencia a una autoridad dada y la solidaridad al grupo requieren previamente de un proceso de socialización. Este término, en la actualidad, se utiliza con un sentido categorial genérico que abarca distintos aspectos particulares del desarrollo de la personalidad en su relación dialéctica con el mundo ambiente social.

6.*1.* La Socialización

Es un concepto introducido en el lenguaje especializado por E. Durkheim, en un trabajo llamado *Educación como Socialización*[170], editado originalmente en 1922, pero la voz no comienza a tener uso común hasta que se retomaron las investigaciones sobre antropología, psicología y sociología, primero en Estados Unidos a partir de mediados de los años veinte y luego las ciencias sociales europeas a partir de la década de los años sesenta.

Uno de los autores clásicos de la Sociología, al que ya hemos citado en más de una oportunidad a lo largo de este trabajo, George Simmel, es uno de los primeros en usar el término y sostiene que la socialización *"es la forma, de diversas maneras realizada, en la que los individuos, sobre la base de los intereses sensuales e ideales, momentáneos o duraderos, conscientes o inconscientes, que impulsan casualmente o inducen teleológicamente, constituyen una unidad dentro de la cual se realizan aquellos intereses."*[171]

A lo que agrega *"la existencia del hombre es, en parte, social y, en parte, individual, con escisión de sus contenidos, sino que se halla bajo la categoría fundamental, irreducible, de una unidad que solo*

---

[170] Editado en lengua española en Salamanca por la editorial Sígueme en 1976.
[171] Simmel, George. Sociología: Estudio Sobre las Formas de Socialización. Madrid, Revista de Occidente, 1977. p. 16.

podemos expresar mediante la síntesis o simultaneidad de las dos determinaciones opuestas; el ser a la vez parte de todo, producto de la sociedad y elemento de la sociedad; el vivir por el propio centro y el de vivir para el propio centro."[172] La socialización, ubica al ser individual en un doble sentido, la de estar comprendido dentro de la sociedad, y también encontrarse en frente de ella.

Desde los estudios de Simmel hasta hace unos pocos años, la Sociología había cristalizado sus investigaciones teóricas sobre la socialización en dos grandes núcleos, a saber: 1. El sistema teórico del estructural funcionalista. 2. La teoría interaccionista.

Para los teóricos del estructural funcionalismo, la socialización es el proceso de integración del niño en distintos sistemas sociales (familia, escuela, grupos de niños) a partir de los mecanismos por los que se interiorizan los modelos de interacción y los papeles sociales. Con sus investigaciones intentan demostrar cómo los modelos de interacción y los papeles sociales se transforman en estados psíquicos de necesidad y en estructuras de la personalidad.

Por su parte, la teoría interaccionista de la socialización se desarrolla a partir de la crítica a los autores estructural funcionalista. La crítica a estos teóricos recae principalmente sobre la explicación de la socialización como algo parcial, pues en sus trabajos solo atienden a la acomodación del individuo a los sistemas de valores o de papeles que ya existían en la sociedad y de descuidar el desarrollo de una estructura personal peculiar que capacitara al individuo para darse autónomamente un papel.

Los autores interaccionistas apuestan a delimitar ámbitos de actuación y de interpretación adecuados a los intereses y las necesidades individuales, y elaborar criterios que señalen los

---

[172] *Ibidem.* p. 52.

marcos necesarios y deseables de interacción y de comunicación en la sociedad.[173]

A mediados de los años sesenta Peter Berger y Thomas Luckmann, editan su obra *La Construcción Social de la Realidad*[174], en cuya tercera parte tratan con profundidad la cuestión de la socialización del individuo. Estos autores entienden a la socialización como *"un proceso dialéctico de construcción continuo que se compone de tres momentos: externalización, objetivación e internalización.] "…estos momentos no deben concebirse como si ocurrieran en una secuencia temporal: más bien los tres caracterizan simultáneamente a la sociedad y a cada sector de ella…estar en sociedad es participar en su dialéctica"* [175]

Para ellos, al igual que para muchos otros autores, el individuo pasa por dos tipos de socialización: la primaria y la secundaria.

La socialización primaria es la primera internalización que atraviesa el niño y la *"socialización secundaria es cualquier proceso posterior que induce al individuo ya socializado a nuevos sectores del mundo objetivo de su sociedad"*.[176]

El mundo internalizado en la socialización primaria se implanta en la conciencia con mucha más firmeza que los mundos que se internalizan en las socializaciones secundarias.[177] En ellas se internalizan 'submundos' institucionales o basados en instituciones. El alcance y carácter de tales socializaciones se determinan *"por la complejidad de la división del trabajo y la distribución social concomitante del conocimiento"* [178]

---

[173] La discusión teórica entre estructural funcionalistas e interaccionistas especto de la socialización puede verse en Rombach, H., (dir) Diccionario de Ciencias de la Educación (Madrid, Rioduero, 1983) t. III, voz correspondiente.

[174] Aquí manejamos la edición española editada en Buenos Aires por Amorrortu en 2003.

[175] Berger, P. y Luckmann, Th., *Op. Cit.* p. 162.

[176] *Ibidem*, p. 164.

[177] *Ibidem*. p. 169.

[178] *Ibidem*. p. 172

Ellos reconocen que para desintegrar la realidad masiva internalizada en la primera infancia *"se necesitan fuertes impactos biográficos"*, pero estos impactos no requieren de tanta fuerza *"destruir las realidades internalizadas más tarde."* [179]

En cuanto a las técnicas de socialización nos hacen saber lo siguiente: *"Las técnicas aplicadas... están destinadas a intensificar la carga afectiva del proceso de socialización."*[180] Ellas involucran *"la institucionalización de un elaborado proceso de iniciación, un noviciado, en cuyo curso el individuo llega a comprometerse con la realidad que está internalizando."* [181]

En cuanto a la relación que se opera entre el individuo que se está socializando y el personal socializador sostienen que esta *"se carga correlativamente de 'significación'..."* y la describen en los términos siguientes, el individuo

> *"se 'entrega' a la música, a la revolución, a la fe, no en forma parcial, sino con lo que subjetivamente constituye su vida entera. La prontitud para sacrificarse es, por supuesto, la consecuencia final de este tipo de socialización... la competencia poderosa de lo que subjetivamente aparecerá como el mundo 'materialista' y de 'cultura de masas' de la 'lucha competitiva'. Similarmente, el adiestramiento religioso en una situación pluralista plantea la necesidad de técnicas 'artificiales' de acentuación de la realidad, técnicas innecesarias en una situación dominada por un monopolio religioso... el problema del 'deslizamiento de la realidad' e idean técnicas para que esa misma realidad 'quede adherida'"* [182]

Ellos sostienen que la socialización puede ser exitosa o deficiente. El primer caso es el resultado del *"establecimiento de un alto grado de simetría entre la realidad objetiva y la subjetiva (junto con la identidad, por supuesto)"*[183]

---

179 *Ibidem*. p. 177.
180 *Ibidem*. p. 181.
181 *Idem*.
182 *Ibidem*, pp. 180-181.
183 *Ibidem*. p. 203

Y entienden que la 'socialización deficiente' es producto *"de la asimetría existente entre la realidad objetiva y subjetiva..."*[184]

Otros autores, entre ellos Alain Touraine, utilizan el concepto de desocialización. Este autor lo define en los términos siguientes: *"la desaparición de los roles, normas y valores sociales mediante los cuales se construía el mundo vivido. La desocialización es la consecuencia directa de la desinstitucionalización de la economía, la política y la religión"*.[185]

A los efectos de la aplicación del concepto a nuestro tema debe reconocerse a Parsons el mérito de haber señalado que el efecto de la socialización es convertir en necesidad psicológica el comportamiento de conformidad con la norma internalizada.[186]

En la medida en que el obrar está determinado por la norma de comportamiento internalizada, deja de ser una libre sumisión al deber considerado como natural y se convierte en reflejo psicológico.

6.2. El proceso de socialización en las Maras y Pandillas juveniles.

El grueso de los jóvenes que van a ingresar en las maras y pandillas juveniles provienen de hogares muy pobres, con necesidades básicas insatisfechas y desarmados; la mayoría de ellos, por lo general, antes de ingresar al grupo, viven en la calle, otros han padecido la deportación desde los Estados Unidos y a su llegada al país no encontraron trabajo ni ningún tipo de tareas remunerativas lícitas.

La gran mayoría ha tenido una primera socialización carente de afecto y se le han inculcado valores que poco o nada tienen

---

[184] *Idem.*
[185] Touraine, A... el Regreso del Actor. (Buenos Aires. Editorial Eudeba. 1997) p. 48.
[186] Parsons, Th., The Social Systems (Chicago, Glencoe, 1951) pp. 37-39.

que ver con los valores predominantes en la sociedad global hondureña y, en general, puede decirse que no han llegado a adquirir en esa etapa una emocionalidad normal.

Los jóvenes que pretenden ingresar a la vida pandilleril reciben antes de ser *adoptados* plenamente por el grupo un proceso socializador y de adoctrinamiento indirecto fundado en la imitación[187] de conductas y comportamientos de los grupos pandilleriles.

En esta etapa, en que los aspirantes están en los últimos años de la niñez y primeros de la adolescencia, comienzan a causar algunas formas de relación con sus pares, similares a la que los pandilleros usan entre ellos y en su relación con miembros de la sociedad en general.

Quien más ha tratado a nivel teórico el tema de la imitación desde la perspectiva sociológica es Gabriel Tardé, para él la sociedad *"no podría vivir, ni dar un paso adelante, ni modificarse, sin ese tesoro de rutina, de imitación, de espíritu de rebaño insondable, acrecentado incesantemente por las generaciones sucesivas"*.

Para Tardé la imitación es el fenómeno social por excelencia, y considera que el grupo social es *"una colección de seres que o están en tren de imitarse entre sí o que, sin imitarse actualmente, se asemejan y sus rasgos comunes son copias antiguas de un mismo modelo."* [188]

Después de este período en el que el individuo imita desde afuera la conducta de los miembros del grupo, comienza un proceso socializador dentro del grupo, lo cual puede demorar algunos años y, por la asimilación de pautas, conductas y

---

[187] La imitación es una forma activa de comportamiento a través de la cual el individuo internaliza modelos de conducta de otras personas o grupos. Ella implica la caracterización de aquellos comportamientos que emergen después que han sido observados en otros individuos y sin que previamente se hubiesen dado. Es una experiencia genérica en el hombre, y se vincula al proceso de socialización y al aprendizaje social. Cfr. Brie, R. J. y Del Acebo E., Diccionario de Sociología (Bs. As., Claridad, 2003) entrada correspondiente a la voz: Imitación.

[188] Tarde G., cit en: Cuvillier, A., Introducción a la Sociología (Bs. As., La Pléyade, 1979) p. 43

valores que el individuo realice, es avaluado para definir su grado de participación y la confianza que se le deposite; con tal proceso se regula y representa el grado de compromiso de los miembros del grupo y el papel que desempeñaran en un futuro.

De acuerdo a cómo el individuo va asimilando las pautas y normas que se le imparten dentro del proceso de socialización ingresa a la mara o pandilla juvenil, es el momento en que deja de ser aspirante para convertirse en simpatizante, de allí en más y sin nunca abandonar la socialización dentro del grupo, se inicia una escala con diversos niveles de involucramiento.

A continuación, presentamos un gráfico, elaborado por la Policía Nacional de Honduras, sobre los niveles de involucramiento de las Maras y Pandillas juveniles, para luego detallar la socialización que recibe en cada uno de esos niveles.

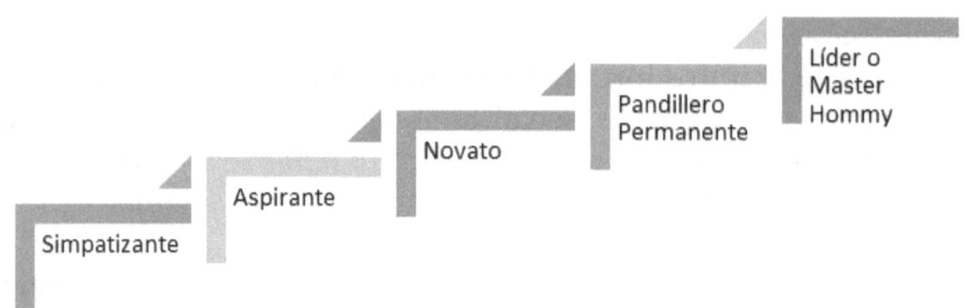

FUENTE: Policía Nacional de Honduras. Elaboración, ampliación y explicación, propia.

El Simpatizante: es aquel individuo, generalmente niño o adolescente, que puede vivir en el sector de dominio de la pandilla, conoce a los miembros de ella y reconoce entre esos miembros a algunos de sus familiares, amigos y conocidos más allegados. Siente admiración por los miembros de la pandilla, de los cuales estos le cuentan historias fabulosas y acciones heroicas para defender al "*barrio*" y a su gente; por otra parte, comprueba que los miembros del grupo tienen acceso a ciertos placeres y gozan de una identidad reconocida, así, la pandilla se convierte en su grupo de *referencia*.

Al '*convivir con ellos*' el simpatizante llega a conocer a *grosso modo* su lenguaje, el significado de los grafitis, forma de actuar de la pandilla y es cuando comienza a través de sus amigos, a acercarse al grupo y a identificarse con él, pero el grupo le hace guardar una distancia prudencial.

El simpatizante, puede ser un individuo de cualquier edad, pero las maras y pandillas ponen su atención, especialmente en niños de entre los diez y los quince años que viven en lugares controlados por ellas y que se sienten atraídos a estos grupos.

A los niños simpatizantes les atrae el mundo '*mágico*' en que viven los pandilleros, puesto que se lo presentan como un mundo de poder, con identidad, con hombres y mujeres que tienen valor para los otros, que tienen bienes, gozan reconocimiento, poseen artículos suntuarios, son admirados por las mujeres y tienen sexo con ellas.

Los simpatizantes son captados por ese lado '*positivo*' y atractivo de la pandilla. Para la gran mayoría de ellos esos bienes son difíciles de obtener mediante el propio esfuerzo. Así, las pandillas, se convierten en una ruta fácil y rápida para obtener mucho más de lo que obtendrían luego de una vida de sacrificios y, en estos grupos, '*la recompensa*' es casi inmediata.

El Aspirante: en este nivel el simpatizante ya está plenamente identificado con la pandilla, es aceptado y la distancia que antes le ponía el grupo se reduce, comienza a convivir con el grupo, pasa parte del tiempo con sus miembros, se involucra y realiza algunas actividades sencillas que estos le encomiendan, la mayoría de ellos cumple las funciones de *"bandera"*, es decir como vigilantes de los accesos al barrio o la colonia, desde puestos de observación en las entradas, para dar aviso cuando ingresa algún vehículo que le pueda resultar sospechoso, como los de la policía que anda en labores de patrulla, o en forma encubierta o puede que sea un vehículo repartidor de productos alimenticios o comerciales y este es identificado como un posible blanco.

Una de las características psicológica de los aspirantes son sus rasgos de rebeldía ante toda autoridad formal. Algunos de ellos son familiares de pandilleros activos y admiran las cosas que estos realizan y procuran imitarlos en su proceder ante los demás.

En esta etapa, el individuo se ve atraído por la mara, generalmente porque los ve reunidos en grupo, unidos entre sí y cooperativos entre ellos, tratando temas que son de relevancia para el universo simbólico del aspirante.

Por lo general, los aspirantes son los jóvenes que se *"llevan*[189]*"* con los miembros de las Maras y Pandillas, pero no son aún integrantes de estos grupos, están muy cerca de serlo, pero no participan en las reuniones o meeting.

El período del aspirantazgo dura entre uno y tres años aproximadamente. En ese tiempo el joven decide si da el paso siguiente y se convierte en pandillero o renuncia a participar activamente en la pandilla, a él definitivamente le gustan las pandillas, comparte actividades, pero aún no se decide integrarlas.

Este es un tiempo de socialización indirecta, no hay ningún socializador que imponga valores, pero el grupo deja que el aspirante vea lo *"positivo"* que se puede sacar de la pertenencia al mismo. Mientras esto ocurre se da simultáneamente un proceso de desocialización, en el sentido que usa A. Touraine, este concepto, de las pautas y valores que ha recibido con anterioridad.

---

[189] Se relacionan con ellos, y comparten algún tipo de actividades.

El Novato: en este nivel de involucramiento el individuo se ha convertido en un nuevo pandillero. Es *'iniciado'* dentro del grupo, por medio del bautizo, que simboliza la lealtad al grupo por sobre todas las cosas, el sometimiento a todas las reglas establecidas, así como a todos los castigos que se puede hacer merecedor. El bautizo marca la lealtad y obediencia al barrio.

De aquí en adelante, el *'pacto'* que se establece entre él y la pandilla, lo obliga a que esta sea su referente, su hogar, su familia, su todo, y tiene para él algunas repercusiones disciplinarias. Sabe que no hay marcha atrás, no existe forma de retiro, pues todo aquel que se retira, se convierte en desertor, en *"peseta"*[190] y desde allí pesa sobre él una sentencia de muerte dictada por el grupo.

En esta etapa, a pesar de ser miembro de la pandilla, el individuo no tiene la confianza plena del grupo, esa confianza se la debe ganar. Lo cual lo logra a través de acciones que le son encomendadas para que realice; es decir se le asignan *'trabajos.'*

El novato aún vive con su familia, a veces sigue asistiendo al colegio, y conserva algunos nexos con la sociedad global.

En cuanto al ritual de bautismo, del que más adelante daremos algunos detalles, anteriormente incluía matar a alguien, ahora no siempre es así, lo que se hace en ciertas ocasiones, es realizar una *'prueba del valor'*, la cual consiste en que algunos miembros de la mara o la pandilla visiten la zona donde vive el aspirante, y un pandillero permanente le indica a que persona, elegida al azar, le debe disparar. Si el aspirante por "x razón" se niega a hacerlo, entonces no ingresa, pero tampoco se toman represalias contra él.

Los novatos se caracterizan porque les gusta llamar la atención, quieren que el resto del barrio sepa que es miembro

---

[190] Así se llama comúnmente al desertor de la pandilla, más adelante ampliaremos al respecto.

de la pandilla, se sienten orgullosos de pertenecer a la "*clica*" y quieren dar cuenta de ello a los demás.

Entre sus actividades se cuentan el rayar paredes, recoger el impuesto de guerra en las calles a los conductores de microbuses y taxis.

El período de práctica o de observación en este nivel, tiene una duración como mínimo dos años, durante este tiempo el marero o pandillero está en un constante proceso de socialización y adoctrinamiento. Aprende las tradiciones y la filosofía de la pandilla, debe también aprender; "*el caló*", el lenguaje de las señas, los orígenes de la pandilla y las reglas y formas de operar.

Para incorporar estos conocimientos se le da un tiempo determinado, durante el mismo debe hacer efectivo el aprendizaje y es castigado severamente, ya sea por no aprender o por violar alguna de las reglas. El novato no puede cuestionar ninguna norma o regla, ni dudar sobre la obligación de cumplir con ellas. Además, aprende la manera de ganar "puntos" dentro del grupo, ya sea para ascender o elevar su perfil.

Esta etapa, si alguno quiere retirarse, sea por la causa que se sea se convierte en '*leva*.'[191] También llamado *peseta*.

Pandillero Permanente: es en este momento en el que el pandillero rompe lazos con su familia, se va de su casa, vive permanente con la pandilla, realiza labores que solo se le encomiendan a gente de confianza, y las más peligrosas.

Según los informes de la Policía Nacional de Honduras, cuando un pandillero llega a este status, es difícil de rehabilitar, el proceso de socialización secundaria y los mundos simbólicos ha sido internalizados y ha incorporado todo el accionar pandilleril; y, según la policía, para alcanzar

---

[191] Los pandilleros llaman así, a aquellos que se desertan del grupo en este período, es el mismo Peseta.

este nivel el individuo debió realizar una serie de acciones que el derecho hondureño ha tipificado como delitos.

En este nivel el individuo está compenetrado con el grupo en grado tal que su dependencia es absoluta, para él la pandilla es lo más importante, es su familia. Esa dependencia es tan grande que está dispuesto a morir por su grupo, siendo un honor padecer lesiones o heridas de *'guerra'* por defender a su barrio o un compañero, o inclusive, ir a prisión, a reunirse con los otros compañeros que allí se encuentran purgando condenas, o en proceso de recibir sentencias.

Líder o Cabecilla: de este grado de involucramiento ya hemos dado cuenta al tratar el tema de la autoridad y el poder, sólo apuntamos aquí que estos miembros tienen en la pandilla como pandilleros permanentes una membresía mínima de cinco años y además, se muestran con tatuajes exclusivos de la pandilla en lugares visibles, especialmente en brazos y cara.

Entre los líderes, el más importante es el llamado *'Master Hommie'*[192], el cual pasa su vida en el anonimato, casi no se le conoce y se deja ver lo menos posible, cuando aparece en público se mantiene rodeado por una férrea escolta de seguridad personal, cuyos miembros están dispuestos a dar la vida por él.

6.3. Entrevista a 'El Frogy'

Dentro de la serie de entrevistas a miembros de pandillas, logramos obtener una, de un pandillero que es líder en su pandilla, tenía una escala jerárquica muy alta en la misma, y accedió a conversar con nosotros, a través de unos contactos que pudimos establecer.

---

[192] Esta jerarquía, la reciben aquellos miembros del grupo que, a lo largo de su carrera pandilleril, han demostrado su valía, escalando posiciones en su pandilla. De esta jerarquía surgen los jefes de clicas, jengas, ciudades, a nivel nacional e internacional, es un semi dios.

Este pandillero de la 18 tiene como taca *'el Frogy'*. Cuando lo entrevistamos, nos pareció una persona inteligente y de temple, a pesar de presentar algunos hábitos que parecían ser adquiridos en las calles: miraba alrededor; pude comprender que tal hábito no era producto del temor a que lo viesen, sino más bien, por el hecho de estar atento para no ser sorprendido por un ataque de algún *Chuntaro*,[193] o que pasara cerca un *Pokemon*[194] y lo sorprendiera y se lo llevara al *tubo*[195].

Medía como metro setenta y cinco, de contextura fuerte y piel trigueña.

Luego de saludarnos y asentir con su cabeza, comenzamos nuestra conversación; en sus inicios yo era el entrevistado, él me hacía varias preguntas y repreguntas, había un aire de desconfianza hacia mí, no se convencía aun del propósito de la entrevista, por lo que opte por contestar todo lo que él quisiera, y le explique los pormenores de la investigación que realizaba. Luego de algunos minutos, él se distendió, creo que, porque empecé a conversar con él, en la *jerga* que usamos los nativos de Honduras[196]. Cuando se dispuso a responder, inició el diálogo en los términos siguientes:

'yo empecé a andar con los del barrio, cuando tenía 11 años, era muy chamaco[197] me gustaba porque me trataban bien, en mi casa no sabían, pero en esa época lo hacía, así como vacile[198] era pura onda mía. Me gustaba que ellos siempre andaban varas[199], y le llovían las morras[200].

Ingrese ya brincado, cuando tenía quince años, ya le entendía a todo el teje y el "maneje del asunto"[201] pase como cuatro años antes de decidirme.

---

[193] Término despectivo con que identifican a sus rivales de la MS XII:
[194] Esta palabra sirve para insultar a los policías.
[195] Detenido a la cárcel
[196] Los hondureños, en grupos informales, utilizamos un lenguaje campechano, informal, folklórico, picaresco y cómico a la vez.
[197] Muy pequeño, un niño.
[198] Para pasarla bien, para no aburrirse, para entretenerse.
[199] Con dinero en efectivo
[200] Es una forma despectiva de llamar a las mujeres.
[201] Comprender lo que sucede en el entorno.

Después del bautizo, me mandaban a hacer misiones tranquilas, nada de agite[202], pero poco a poco yo pedía que me mandaran a las pegadas [203]buenas, para demostrarle que yo era bueno, era frondy[204]

A cada instante miraba a su alrededor, y a veces me miraba con la forma característica que usan los pandilleros, altanero, por sobre sus hombros, con aires de grandeza y de superioridad, manera de mostrar que, para él, mi presencia allí era una nimiedad.

Le pregunte entonces: ¿Porque esa *taca*[205] la de '*el frogy*'? Se quedo mirándome y después de unos segundos algo tensos, me dijo: '*mira[206] a vos te bautizan como los masters hommie quieran, a veces por tu forma de ser, o por lo que ellos crean que te pareces, o es que no 'echaste de ver'[207]que mis ojos parecen de un sapito tierno*' sentenció con voz fuerte, desafiante y cortante. Quede algo nervioso con la respuesta, y las ganas de reírme eran incontenibles; creo que sólo me detuvo la idea de imaginar la reacción que podía tener *el frogy*, si intuía que me estaba riendo de su sobrenombre o interpretaba eso como una burla, como sea me contuve y logre evitar ese tenso momento.

Y luego, él empezó a reírse a fuerte carcajadas, y me dijo '*te azoré verdad, yo estoy orgulloso de mi taca, soy "el frogy", el único, soy famoso, y muchos de mis compañeros me tiemblan, porque saben que yo no entiendo de razones, si tengo que brincar o chequear a alguien, saben que no amago[208]* .

En ese momento me contó que había hecho siempre lo que le pedían, y si era necesario '*ponerle el balde*'[209] a alguien, lo hacía.

---

[202] Nada que pudiese revestir complicaciones, todo tranquilo.

[203] Se le llama pegadas, a aquellas misiones especiales que realizan estos grupos, como realizar robos, robos a mano armada, ajusticiamientos, enfrentamientos con grupos rivales.

[204] Significa que es fuerte, poderoso, con Buena contextura física y valiente.

[205] Apodo, sobrenombre, identidad dentro del grupo.

[206] Se usa esta palabra en Honduras como una muletilla, más o menos con la intensidad que en algunos sectores sociales de la Argentina se una el 'vistes que'

[207] Expresión que se usa para significar ¿Notaste algo?

[208] No dudar en absoluto de realizar una acción.

[209] Asaltar, atacar a alguien.

'mira vato, yo he matado, he robado, asalté, me metí en todo tipo de droga, piedra[210]*, coca, mota*[211]*, mate chuntaros, robé vehículos, total que te puedo decir, hice muchas cosas malas y las seguiré haciendo, pero siempre la virgencita me protegía'*

Así es la personalidad de "el Frogy", y la de la mayoría de los pandilleros, se muestran cautos, no hacen aspavientos, no tienen remordimientos, son orgullosos, se sienten, ante alguien extraño al grupo, dueños de sí mismo. *"El frogy"* es uno de esos pandilleros que viven en una realidad distorsionada, pero correcta para ellos, rezar para que en *"las pegadas"* las cosas les salgan bien.

Me dijo que él ya tenía 12 años de estar en la pandilla, desde que lo iniciaron, es decir que tiene 27 años de edad, que es sublíder de una *"clica"*, de una ciudad en Honduras.

Le pregunte entonces ¿Por qué había accedido a conversar? A lo que me respondió: *'si es cierto lo que decís que esto lo vas a escribir, la gente tiene saber quién es "el frogy", quiero hacerme más famoso'.* Al parecer a los pandilleros les gusta la publicidad gratis, les gusta darse a conocer, esa ha sido una de las formas de la pandilla de enviar sus mensajes de temor hacia la ciudadanía, de hacerse notar, de que sepa que ellos están allí, dispuestos a muchas cosas.

Al tiempo de despedirnos dijo *'mire Lic*[212] *no crea que esto es comida de trompudo*[213] *la cosa aquí, adentro del barrio es jodido, yo a veces me la quiero dar*[214]*, pero cuando me acuerdo que me pueden dar luz verde, o que me pueden agarrar la poli o los chuntaros, me aguanto mejor, pero yo que soy un dios en la pandilla, me pongo a pensar, bueno pienso más desde hace tres años que nació mijo'.*

Así supe que de una relación con una pandillera había nacido un bebe, que al parecer lo ha hecho recapacitar y reflexionar sobre su situación.

---

[210] Crack
[211] Marihuana.
[212] Diminutivo de licenciado
[213] Esta expresión significa "esto no es para cualquiera"
[214] Significa querer "evadir o evadirse de algo."

Este hecho, el de ser padre o madre, al parecer es el acontecimiento que les hace plantearse su continuidad en el barrio, es un hecho mágico que pone en duda su lealtad a la pandilla.

Nuestro personaje se marchó con algo de prisa y se perdió entre la gente, tuve la sensación de haber conversado con alguien que siente que tiene un poder descomunal, un poder que sólo se puede adquirir como miembro de una pandilla y después de un largo recorrido por las calles, que le dejó muchas heridas y cicatrices, las cuales luce como trofeos de guerra; pero a pesar de la jerarquía que detenta entre las Maras, el nacimiento del hijo lo hace reflexionar y meditar su salida del barrio. Algo que, por cierto, le traería no muy pocas consecuencias negativas.

CAPITULO VII LENGUAJE, SÍMBOLOS, RITOS Y COSTUMBRES EN LAS MARAS Y PANDILLAS JUVENILES

La gran mayoría de los sociólogos reconocen que el lenguaje es un elemento esencial en el proceso de socialización y en la construcción social, a tal punto que se ha llegado a crear una rama de la Sociología llamada Sociología del Lenguaje, la cual recibe sus aportes de otras disciplinas, tales como, la Filología y la Antropología Cultural.

7.1. El Lenguaje:

George H. Mead es uno de los primeros autores en reconocer la importancia que guarda el lenguaje dentro de los procesos de socialización. El individuo absorbe su cultura por medio de un idioma, el cual le sirve para comprender símbolos culturales, conceptualizar la realidad, comprender ideas complejas y transmitir valores y opiniones.

El lenguaje consiste en gestos vocales, pero también hay otros tipos de gestos, y esos gestos a menudo son interpretados como señales basadas en símbolos internalizados.[215]

Pero, además, si tomamos un mismo idioma, dentro de él se dan distintas formas de lenguaje (*argot*) en virtud de una situación de clase o de una posición estamental. En el caso que nosotros tenemos bajo estudio se fomenta intragrupalmente un idioma con características exclusivas, lo cual nos dice, en cierto modo, el grado de exclusividad y hermeticidad del grupo en cuanto tal.

Según E. W. Stewart y J. A. Glynn, quienes argumentan en base las conclusiones de los trabajos de Benjamin Lee Whorf, el lenguaje no es sólo un medio de comunicación sino una

---

215 Johnson, H. M., *Op. Cit.*, p. 118.

forma de socialización. [216] Y reconocen que los grupos minoritarios y cerrados presentan problemas para la captación de los significados de lo que en su comunicación quieren expresar; principalmente cuando esos grupos usan formas cambiantes del slang y de los hábitos del habla. Antiguamente este tipo de comportamiento lingüístico se llamaba "tomming" o "jeffing", actualmente, en algunas ciudades de los Estados Unidos, se lo llama "schucking". Las expresiones cambian con rapidez y el "slang" se transforma en desconocido para cualquier observador.[217]

7.2. Los Símbolos, Ritos y Costumbres:

En cuanto a los símbolos, para G. H. Mead, creador del llamado Interaccionismo Simbólico, *"un símbolo significante es aquel que provoca ciertas reacciones en el sujeto."* Para él, la vida social es un intercambio de gestos/símbolos, una constante de intercambios de símbolos con sus significados.[218]

Para Berger y Luckmann, los significados de los símbolos constituyen el "universo simbólico", que sucede a los procesos de objetivación, sedimentación y acumulación del conocimiento y, así pasa a ser la *"matriz de todos los significados objetivados socialmente y subjetivamente reales; toda la sociedad histórica y la biografía de un individuo se ven como hechos que ocurren dentro de ese universo".*[219]

El individuo institucionaliza en base a su universo simbólico que ha asimilado, el cual "pone cada cosa en su lugar",[220] le da al individuo su cosmovisión, la escala que ocupa cada quién

---

[216] Stewart, E. W. y Glynn, J. A., *Introducción a la Sociología* (Bs. As., Paidós, 1977) p. 76.
[217] *Ibidem*, p. 77.
[218] Mead, G. H., Espíritu, Persona y Sociedad (Barcelona, Paidós, 1982) cit. en: Giner, S., Lamo de Espinosa y Torres, C., Diccionario de Sociología (Madrid, Alianza Editorial, 1998) voz símbolo.
[219] Berger, P. L. y Luckmann, Th., Op. Cit. p. 125
[220] *Ibidem*, p. 126 y ss.

en su vida, ordena y legitima los "roles" cotidianos y prioridades.

En cuanto a los ritos, siguiendo a M. Gauss, podemos afirmar que *"el rito está animado por un poder inmanente, una especie de virtud espiritual."* Además, sirven para canalizar emociones poderosas como el odio, la angustia, el temor, la ternura o la pena. Son acciones de estabilización y cohesión social. [221]

Los roles y ritos, en determinado momento se convierten en prácticas sociales de algunas comunidades, es decir, se vuelven usos.

Para Ortega y Gasset, *"los hechos sociales constitutivos son usos. Los usos son formas de comportamiento humano que el individuo adopta y cumple porque, de una manera u otra, en una u otra medida, no tiene más remedio. Le son impuestos por su entorno de convivencia: por lo "demás", por la gente, por…la sociedad."*[222]

Son pautas de conductas a seguir, que de una u otra forma estamos en la obligación de observar, so pena de ser 'castigados' por el grupo social que se integra.

El mismo, Ortega y Gasset, nos dice que hay unos rasgos distintivos de estos usos que los caracterizan:

1. *Los usos son imposiciones mecánicas.*
2. *los usos son irracionales.*
3. *los usos son realidades extraindividuales o impersonales.*[223]

Nuestro autor, nos dice que los usos producen en el individuo tres principales categorías de efectos:

1. *Son pautas del comportamiento que nos permiten prever la conducta de los individuos que no conocemos y que, por tanto, no son para nosotros tales determinados individuos.*
2. *la sociedad atesora el pasado.*
3. *la sociedad sitúa al hombre en cierta franquía frente al porvenir y le permite crear lo nuevo, racional y más perfecto.*[224]

---

[221] Giner, S., Lamo de Espinosa y Torres, C.,

[222] Ortega y Gasset, José. El Hombre y la Gente. (Madrid, Revista de Occidente. 1957) p. 26.

[223] Ortega y Gasset, José. Op. Cit. p. 27.

[224] Op. Cit. p. 28.

Para él, los usos están presentes en todo momento de nuestras vidas e interacciones

> *"resulta, pues, que vivimos, desde que vemos la luz, sumergidos en un océano de usos, que estos son la primera y la más fuerte realidad con que nos encontramos: son sensu estricto nuestro contorno o mundo social, son la sociedad en que vivimos. Al través de este mundo social o de usos, vemos el mundo de los hombres y de las cosas, vemos el universo."* [225]

Según Ortega y Gasset, los usos, nos reprimen, nos coaccionan, nos envuelven, y nos ponen en un molde social, del que es muy difícil liberarse. *"el uso seria la costumbre, y la costumbre es un cierto modo de comportarse, un tipo de acción acostumbrado, esto es habitualizado. El uso sería pues, un hábito social"* [226]

Las manifestaciones de los usos son fuerzas coercitivas, un poder, que se manifiesta generalmente con los eufemismos de coacciones y presiones morales, que llegan a causarnos daños morales, pero que siempre – a la postre- amenazan con la eventualidad de una violencia física; ese poder, por tanto, físico, brutal que –como veremos- funciona también brutalmente, *"ese poder que no es de nadie, que no es humano, que en este sentido, es algo así como un poder elemental de la naturaleza, como el rayo y el vendaval, como la borrasca o el terremoto, como la gravedad que empuja en su vuelo la masa exánime del astro, ese poder es el 'poder social'. Y 'el poder social' funciona en la coacción que es el 'uso'* [227] donde la sociedad actúa como el marco arquitectónico de todos esos procesos.

Por otro lado, encontramos que, para Durkheim y Mannheim, los usos son creencias.

En términos de Weber, podemos definir como usos y costumbres a toda aquella *"probabilidad de una regularidad en la conducta, cuando y en la medida que esa probabilidad, dentro de ese*

---

[225] Op. Cit. p. 227.
[226] Op. Cit. p. 231.
[227] Ortega y Gasset, J. Op. Cit. p.236.

círculo de hombres, este dada únicamente por el ejercicio del hecho. El uso debe llamarse costumbre cuando el ejercicio de hecho descansa en un arraigo duradero"[228]

A continuación, nos detendremos por un momento en la descripción de cómo se da en el interior de los grupos pandilleriles el proceso simbólico y ritual. Dentro de estos aspectos simbólicos desarrollaremos el lenguaje que los identifica y los usos y costumbres que le son propios.

7.3. El Lenguaje de las maras y pandillas:

Los dos grupos pandilleriles que estamos estudiando tienen diferentes formas de comunicarse entre sí.

A grandes rasgos podemos afirmar que esa comunicación se realiza de tres formas:

- *Verbalmente*: por medio de un lenguaje codificado, conformado por frases combinadas de palabras de las lenguas castellana y la inglesa.

- Tienen también otro lenguaje en el que utilizan *señas*, con las manos, brazos y cuerpo, con códigos preestablecidos, igualmente codificado y entendido sólo por ellos; y

- Finalmente, está el lenguaje *gráfico*, el cual se expresa de tres maneras:
  - El *grafiti*, en los que usan signos con un valor simbólico dados por ellos mismos, así comunican sus ideas y marcan territorio.
  - Caben también dentro de esta clasificación los *tatuajes* que se realizan en diferentes partes del cuerpo, por medio de los cuales comunican su pertenencia a una pandilla determinada y, en

---

[228] Weber, M. Op. Cit. p. 21.

ocasiones son usados para mostrar *sus méritos y jerarquía.*

o A estas formas se suma *'la wila'*, nombre con que se conoce a un alfabeto codificado, que utilizan para reemplazan el abecedario convencional

A continuación, ampliaremos sobre lo antes descrito.

7.3.1. Lenguaje Verbal:

Estos grupos han construido un lenguaje pandilleril estructurado con el propósito de que sus conversaciones no puedan ser decodificadas por el común de la gente. Es una combinación de palabras en lenguas inglesa y castellana, adaptadas al lenguaje callejero, lo cual hace prácticamente inentendibles lo que entre ellos se comunican, así sea que quien los escuche domine ambas lenguas.

Ese es el lenguaje típico de las pandillas, en él se altera el orden de las silabas, palabras en inglés mal pronunciadas, símbolos y expresiones que guardan dentro de sí un segundo sentido.

Se caracteriza también por el uso de hondureñismos y el *spanglish*, así como de palabras propias de la cultura pandilleril, adoptadas por la influencia de los jóvenes que vinieron de los Estados Unidos.

Este lenguaje también es escrito, bajo esta forma se lo denomina *'wila'*. Sólo los pandilleros conocen lo que esas escrituras quieren significar y lo renuevan constantemente. El *"caló"*, como también se lo llama a este lenguaje, forma parte de su cultura y lo utilizan para impresionar a otros, para intimidar o identificarse como tales y demostrar el sentimiento de pertenencia a la pandilla.

A continuación, presentaremos algunos ejemplos de esta forma de comunicación:

Big Chequeo: sanción que se le aplica a alguien que cometió una falta disciplinaria, que consiste en recibir una golpiza de parte de un grupo de pandilleros, los cuales han sido designados por el líder para realizar tal acción.

Califas: calificativo que reciben aquellos pandilleros que vienen o permanecieron por algún tiempo de California.

Chale: negación, equivalente a decir no.

Chuntaro: término despectivo, insulto con el que se designa a los miembros de la MS XIII, por parte de los miembros de la Pandilla 18.

Clecha: significa jerarquía, dice del prestigio y status de uno de los miembros. Cuando un pandillero es deportado de Estados Unidos, al llegar a su país de origen, sus camaradas lo esperan, porque, por lo general, llega con *clecha*, y en su participación en el grupo mantiene, esa jerarquía, el prestigio adquirido y el status alcanzado durante su permanencia en ese país.

Clica: estructura fundamental y básica de la pandilla. Es la célula que responde por un determinado espacio territorial, llamado también "barrio".

Cuete: cualquier es un arma de fuego.

Cuetiar: acción de disparar a alguien con un arma de fuego.

Dar rata: frase se utiliza como sinónimo de "dar soplo", refiere al informante de las autoridades, al delator. Se lo considera un chupamedias, un sapo, un arrastrado.

Dorar: acto de fumar.

El jale: diferentes tipos de tatuajes. Significa también, trabajo.

Ese: palabra que tiene significado despectivo para nominar a alguien, anteponiéndola a una expresión, *'que te pasa ese.'*

Farmer: identificación de aquellos que son miembros de la pandilla 'Nuestra Familia', como se conoce a los miembros de las pandillas carcelarias en los Estados Unidos.

Frajar: acción de encender un cigarrillo, sea este de tabaco o marihuana.

Frajo: cigarrillo

Fuca, Chimba: arma de fuego de fabricación casera.

Green light o luz verde: sentencia de muerte de alguien decretada por la pandilla.

Grifa: marihuana

Hardcore: miembro veterano de la pandilla.

Hommie o Homeboy: varón que pertenece al propio grupo pandillero.

Jaina: mujer pandillera.

La Chinga; trabajo pesado.

Paisa Firme: vecino del barrio identificado plenamente con la pandilla, y sin ser miembro de ella la auxilia en caso de necesidad.

Paisa: persona que vive en el barrio, el vecino de la pandilla, cuya actitud se muestra como neutral.

Panochos: expresión despectiva de la MS XIII para referirse los pandilleros de la 18.

Picachu, Pokemon, Chota: calificativos despectivos con los que refieren a la policía.

Taca o Tacha: sobrenombre o alias que recibe el pandillero en el grupo, es su identidad dentro de su 'familia', su ID.

Wila: alfabeto codificado usado para la escritura pandilleril. Su uso más común es para enviar mensajes encriptados, para no ser entendidos por quienes no pertenecen al propio grupo que los escribe.

7.3.2. Lenguaje Gráfico:

Este tipo de lenguaje tiene características artísticas. Lo realizan de tres formas distintas; a saber:

- o *Tatuajes;* que pintan en sus cuerpos, guardan distintos y diversos significados y tienen un alto contenido simbólico. Son símbolos que representan tendencias y creencias religiosas y sirven, además, para recordar a compañeros fallecidos o a un amor perdido. Ellos simbolizan a la pandilla, a la clica a la que se deben y la jerarquía que se detenta en el grupo.

En la pandilla 18, los tatuajes, se encuentran ligados a una simbología propia de la cultura mexicana; así, por ejemplo, es común encontrar a miembros de esta pandilla con tatuajes y pinturas de la imagen de la Virgen de Guadalupe, a quien le rinden culto; pirámides, propias de esa cultura o de mujeres aztecas, también cholos e indios mexicanos.

Por su parte la MS XIII, ha adoptado símbolos que no son identificatorios de la cultura salvadoreña, por no contar esa cultura con tal simbología, aunque, al igual que la 18, rinden culto a la mujer.

La finalidad que persiguen con los tatuajes es impresionar e intimidar y al mismo tiempo, mostrar su sentimiento de pertenencia a una familia pandilleril.

Existen diferentes tipos de tatuajes, entre los más significantes, se encuentra uno que es utilizado sólo por quien que tiene una elevada jerarquía dentro del grupo, es la *'ranfla'*, -representación de un automóvil antiguo- puede llevarlo tatuado sólo el máster hommie, al cual ya describimos y dejamos apuntado como él ocupa los máximos rangos en la jerarquía pandilleril.

Otro de los tatuajes muy utilizado en ambas pandillas es el de la tragedia griega, las máscaras del teatro, la sonrisa y la del llanto, que en el lenguaje pandilleril pasa a significar *'ríe hoy y llora mañana'*. Esta expresión pone de manifiesto uno de los principios filosóficos que más identifica estos grupos: vivir intensamente cada día como si fuese el último, pues la posibilidad de gozar de vida hoy tal vez no se tenga mañana.

En relación a esto, también utilizan el principio de *'perdón madre mía por mi vida loca'*, al que representan con un tatuaje de tres puntos entre los dedos pulgar e índice de una de las manos, el cual se puede apreciar de manera clara cuando se mantiene el puño cerrado.

Muy reconocido es también la *telaraña*, tipo de tatuaje que significa el poder y las redes que se tejen a través del mismo, y que, además, denota jerarquía y deseos manifiestos de expansión. Significa también, que quien la porta, ha estado en prisión.

Tal vez, el más común de todos los tatuajes es el de *las tumbas*. Anteriormente se tenía la errónea creencia que significaba la cantidad de homicidios que había cometido quien lo usaba, pero hoy sabemos que su significado es el del fallecimiento de almas gemelas, de amigos muy cercanos y representa una forma de rendir tributo a su memoria.

Estas 'almas gemelas', son los compañeros que se asigna a cada pandillero nuevo que ingresa y es el encargado de enseñar las tradiciones, es el *socializador del iniciado*, cuando uno de ellos fallece, sea el nuevo o el antiguo que lo socializa, el sobreviviente se tatúa una tumba en su honor, puesto que consideran que el vínculo entre ambos que va más allá de la muerte.

Lo cual, a veces, el sobreviviente lo muestra con la manutención de la familia y los hijos del fallecido, es una manifestación más de la solidaridad intragrupal.

Una tradición cultural entre los miembros de la pandilla 18, es el culto a la muerte, tomada de la cultura mexicana y de allí que los miembros de esta pandilla se tatúen calaveras. En el caso de que alguien del grupo quiera tatuarse un símbolo que es portado por un pandillero más antiguo que él, este le impone una acción para que se gane el derecho de portarlo. El valor simbólico del tatuaje tiene una alta relación significante con la identidad de grupo, sirve para darle identidad al pandillero y, además, denota el sentimiento de pertenencia a una pandilla. Este arte constituye uno de los canales de expresión más utilizados por los jóvenes, sus cuerpos y los muros pasan a ser el medio por excelencia donde dejan grabados sus mensajes y, en cierta forma, su historia de vida.

En cada clica hay "homeboys o hommies", que se destaca por poseer habilidad artística para la pintura de murales.

o La otra forma gráfica de comunicación es el ***grafiti o placazo*** que pintan en las paredes de casas y muros. Tales pinturas son una especie de diario de la pandilla, en ellos se anotan las consignas a seguir y sirven para delimitar las zonas que se encuentran bajo su control, además, se usan para mantener informadas a las clicas amigas y advertir a los grupos rivales, ya sea para desafiarlos o para declararles la guerra. Esos *grafitis* muestran que cada una de las pandillas tiene sus colores preferidos, por ejemplo, la pandilla 18 utiliza mucho el color negro, no así la MS 13, en los que predomina el color azul.

   Dentro de los grafitis, va incluida una lista de nombres, en los que se encuentran el del jefe de la clica, el de la persona que pintó el *placazo* y el de los miembros de la clica, es a lo que ellos llaman el *'roster'*.

   En estos *'placazos'* suelen pintar edificios, que representan la calle, el principal escenario de su vida, el sitio permanente de reunión y el espacio geográfico y simbólico socializador.

o Dentro de su lenguaje grafico utilizan también una forma codificada de escritura de formas y símbolos, llamado la *'wila'*. Este lenguaje es su *abecedario* y reemplaza el convencional, letra por letra. Es secreto y al parecer lo renuevan periódicamente, con el objeto de que no sea descifrado o si ello sucede, que sea en un tiempo en que se ha convertido en obsoleto y fuera de uso.

   Este lenguaje es utilizado también en los grafitis, en las cartas y correspondencias con las que envían mensajes a sus pares sobre algo de interés para ellos. Para esta forma de comunicación se usa una escritura estilizada.

A continuación, presentamos el alfabeto de las pandillas, *'la wila'*.

'Wila' de la Pandilla 18.

A	B	C	D	E	F	G	H	I	J	K	L	M	N
△	ϕ	<	▽	#	M	+	D	[cubos]	%	[tres puntos]	'6	>	///.

Ñ	O	P	Q	R	S	T	U	V	W	X	Y	Z	
—///.	[N cruzada]	□	◈	◇	o/o	‰	‰o	⊄ᵇ	✝ᵇ	✝,	///.	v	

Fuente: manual del curso de investigación de delitos cometidos por maras. Guía del participante. Departamento de estado de los Estados Unidos de América. Junio, 2006. sin n. Pp.

'Wila' de la Mara Salva Trucha

A	B	C	D	E	F	G	H	I	J	K	L	M	N
♋	Ω	♍	♎	♏	♂	η	♒	♓	Er	&	●	○	■

Ñ	O	P	Q	R	S	T	U	V	W	X	Y	Z	
	□	◻	◻	◻	◌	◆	◇	** **	◆	⊠	△	⌘	

Fuente: manual del curso de investigación de delitos cometidos por maras. Guía del participante. Departamento de estado de los Estados Unidos de América. Junio, 2006. sin n. Pp. Se puede notar, que no tienen un signo que represente la letra ñ, como el alfabeto norteamericano.

Los jóvenes pintan *grafiti* por toda la ciudad, especialmente en las colonias que consideran su territorio. Dibujan símbolos que identifican a la mara, hacen memoria de sus muertos o cuentan a sus miembros; cuando son más elaborados estos murales generalmente tienen motivos religiosos y se basan en la representación de imágenes antagónicas, como las del bien y el mal, alegría y tristeza, libertad y reclusión, acompañadas de imágenes de la madre.

A través de los *grafitis* los jóvenes de las maras y pandillas expresan lo que no pueden hacer de forma individual. Manifiestan, entre otras cosas, sus propias historias y expectativas de futuro.

Esas pinturas son en realidad un intento desesperado por comunicar su existencia y su presencia en la sociedad. El medio de comunicación son las paredes de la zona que consideran parte de su dominio, donde tienen el control. Los dibujos y las letras dicen, en última instancia, este sector es *"mi barrio"*, yo aquí soy alguien. A la vez, es el medio por el cual el marero o pandillero perpetúa su nombre, *'su placa' o 'taca'*, su seudónimo y el nombre de la clica. El grafiti sirve para decir algo a propios y a ajenos, a amigos y enemigos, para decir a unos aquí tendrás paz y a otros aquí tendrás guerra.

El encargado de realizar las *'obras de arte'* gráficas dentro de la pandilla es el llamado *'Taggers o roster'* sean estos tatuajes en los cuerpos de los mareros o *grafiti* en las paredes. Su trabajo es considerado irremplazable y su realizador tiene dentro prestigio y se lo considera importante dentro del grupo.

7.3.3. Lenguaje de Formas y Señas:

Este tipo de lenguaje es una adaptación del lenguaje que utilizan para comunicarse los sordomudos, al cual le han incorporado algunos cambios que no permiten que el mismo sea traducido fácilmente. Lo utilizan, la más de las veces, para mandar mensajes por vía de los medios de comunicación y, especialmente, cuando son detenidos por la policía.

Consta de señas preestablecidas que se realizan con las manos, y su utilidad, según su jerga, es para *'rifar el barrio'*, es decir dar a conocer a que pandilla y clica pertenecen y preguntarle a un extraño que ingreso a su territorio, de qué lado esta. Son expresiones en clave que sólo la pandilla conoce, y si alguien no contesta como se espera, entonces se lo indaga, para comprobar si es un vecino que desconoce las claves o es un miembro de la pandilla rival que intenta infiltrarse.

Es un equivalente a lo que los militares usan como *'santo y seña'* para identificar a miembros de fuerzas amigas. Los mareros "*rifan su barrio*" expresando su afiliación, simulando con sus manos las iníciales del nombre de su pandilla; para insultar, amenazar y desafiar a pandilleros rivales y también para comunicarse a distancia donde la voz no sería audible. Cuando son capturados y ante las cámaras de televisión, también con señas, demuestran su pertenencia y envían mensajes a sus colegas, aprovechando esos medios televisivos. A las tres formas de comunicación le dedican mucho tiempo de aprendizaje y para ellos, es gratificante y los llena de orgullo conocerlas acabadamente y poder descifrarlas de manera veloz. Durante el aprendizaje no sienten la frustración que, en muchas oportunidades, comprobaron durante la etapa de escolarización en las escuelas primaria o secundaria y mientras aprendían lo exigido por las curriculas oficiales.

7.4. El Rito de Iniciación

Desde el punto de vista antropológico el rito es una acción caracterizada por una determinada forma prescripta cuidadosa y simbólicamente, cuyo significado es compartido por un grupo o el conjunto de una sociedad. Para ingresar a la pandilla y a la mara, luego de pasar algún tiempo como simpatizante y aspirante, el individuo tiene que superar una prueba: "*El Brinco*" o "*jumping in*".

Esta prueba, el rito de inicio formal en la pandilla como miembro de la misma, consiste en que el iniciado pase en medio de un grupo de no menos de cinco pandilleros o mareros permanentes y sea golpeado por estos durante un tiempo determinado; durante ese paso el iniciado puede defenderse, pero esa defensa no es más que una intención, porque siempre es superado por sus bautizantes, tanto en número, como en experiencia y decisión. El sometido al rito de iniciación tiene que hacer todo lo posible por mantenerse en pie, y si se cae, levantarse, pues ello es demostración de su valor y coraje.

El tiempo de duración del *brinco*, es de dieciocho tiempos en la pandilla 18 y de trece tiempos en la MS XIII, no se trata de un tiempo cronológico, pueden ser 13 o 18 segundos, minutos, o el tiempo necesario, porque el jefe que dirige la ceremonia del "bautizo" ritual de iniciación cuenta al ritmo que él desee, los tiempos son discrecionales y a voluntad del jefe de bautizantes.

En algunas oportunidades, los resultados del "bautizo" pueden llevar a la muerte al bautizado.

Este rito, simboliza su lealtad a la mara, a la pandilla, por sobre todas las cosas, aun sobre su propia familia; desde ese momento en más el barrio, la mara, la pandilla, se convierten en su familia. Es un miembro que la *institución* comenzará a cobijar, a cubrir sus necesidades y a exigir de él todas sus fuerzas e inteligencia para la acción. Desde ese momento ya no se puede renunciar al barrio, no se puede dimitir, no hay espacio para recapacitar y cambiar de opinión. La deserción se paga con la vida, a partir de ese momento quien se sale de la organización, firma su sentencia de muerte, tiene '*luz verde*'.

En el caso de las mujeres el rito de iniciación es el mismo, con la diferencia que sus bautizantes, son del sexo femenino y, si en determinada clica no hay mujeres entonces es bautizada por varones, por lo menos en el ritual del brinco, porque, si bien no tenemos seguridad plena que aún subsista, hay otra versión del bautizo consistente en mantener relaciones sexuales con un cierto número de pandilleros y durante un tiempo, medido con los parámetros utilizados para el bautismo de los hombres. Tal versión del bautizo no se logró verificar, quedó en mera especulación.

El rito de iniciación, además de lo que acabamos de exponer, va acompañado de otras actividades especiales. Para probar el valor de quien se va a bautizar y la 'garantía' de lealtad a su nueva familia, a veces se le exige eliminar a alguien, asesinar a alguna persona, esta puede ser alguien previamente señalada por el líder o ser seleccionada al azar, en la calle, y sin más motivo que el hecho de ser señalado por aquel que dará fe que el iniciado cumplió o no con su objetivo. En caso de que el iniciado se niegue a realizar la misión el blanco pasa a ser él.

Estos ritos, en la actualidad, en que el fenómeno se ha expandido en las sociedades centroamericanas, tienden a flexibilizarse e inclusive desaparecer, sobre todo desde que las pandillas necesitan incorporar gente pensante, que manejen sus dineros, que le brinden defensa legal, que los ayuden en sus planes, por lo que hay trato preferencial a aquellos que tengan alguna habilidad especial, los cuales son reclutados por medio de procedimientos selectivos, son los que ellos llaman 'cabezones' o 'cerebros' en referencia a personas inteligentes. Entre las maras y pandillas ya no son todos guerreros, se han especializado y diversificado en sus funciones, ahora tienen integrantes que consideran *'cerebros'* o *'pandilleros prodigios'* que colaboran con el barrio. Flexibilizaron estas prácticas, cuando en algunos casos consideran que alguien será de gran utilidad en el grupo, en acciones que no sean violentas, si no que donde pongan a trabajar el intelecto.

Dentro de la categoría de los ritos, encontramos aquellos que se hacen en forma de sacrificio. Al parecer las pandillas realizan ritos satánicos, en los que extraen de sus víctimas algún órgano vital al que se comen, como así también realizan desmembramientos y decapitaciones, porque adoran y rinden culto a la *bestia*. Han sido muchos los casos en que los medios de comunicación masiva presentaban en sus crónicas diarias, el descubrimiento de hallazgos macabros, como partes del cuerpo de víctimas encontradas en plazas públicas o cuerpos enterrados de cementerios clandestinos.

7.5. El Simbolismo.

Lo anteriormente descrito, el lenguaje de la padilla, sus modos de expresión y el rito de iniciación, son aspectos simbólicos, bajo este epígrafe mencionaremos algunos otros aspectos simbólicos que, al igual que aquellos, guardan importancia dentro del grupo.

Entre de los valores que las maras destacan se encuentran el barrio, la madre, la religión y algunas imágenes sagradas, la amistad, solidaridad, compañerismo, lealtad y sinceridad.

El *Barrio* ocupa el primer lugar en la escala de valores de cada pandilla; es concebido como su única pertenencia y significa su principal razón de ser y el centro de su vida. El concepto de barrio incorpora a todos los miembros de la mara o pandilla, su territorio y las personas que viven en él. La vida pandilleril se organiza en torno al barrio, al cual deben *"defender"*, *"cuidar" y "controlar"*. El barrio se presenta como una condición de espacio, de límite y limitante de experiencias comunes. Un elemento asociado a los barrios es la llamada vida loca: violencia, drogas, cárcel y muerte.

Otro valor es la madre, para ellos la madre es símbolo de vida, de amor, comprensión y apoyo afectivo. El culto a la madre es especialmente significativo y se simboliza en forma permanente a través de sus dibujos, grafitis, tatuajes y poesías para rendirle homenaje.

La religión y algunas imágenes sagradas constituyen un valor y suele ser tan fuerte que muchos logran cambiar su forma de vida a través de la religión, situación que es bien vista por los integrantes de las Maras o Pandillas. Entre las imágenes sagradas son especialmente valoradas la Virgen de Guadalupe y el Sagrado Corazón de Jesús, que pertenecen al simbolismo católico. Utilizan mucho la religiosidad para sus actuaciones, por ejemplo, usan aquel versículo del Evangelio que dice: *'árbol que no da frutos, será cortado'* y lo aplican con aquellos miembros que no actúan a favor del grupo. Se basan en ello, para *neutralizarlos*.

También su forma de vestir y de caminar tiene significado simbólico y tradición histórica. Su vestimenta refleja el orgullo de ser pandillero, su amor propio y su amor al grupo que pertenece, como así también el status y posición que ocupa y posee dentro del grupo. Este sentimiento de pertenencia da cohesión a su vida intergrupal.

La apariencia característica y tradicional de un pandillero es su cabeza rapada, esto en el caso de los 18, vestidos con pantalones y camisas anchas y con talles muchos más grandes que el número de su talla, usan cinturón grande, lo que hace una gran porción del mismo sobre y caiga sobre el pantalón, tienen una marcada predilección por la ropa americana, especialmente de las marcas más caras y famosas.

La tradición de usar ropa exageradamente grande, al parecer es una costumbre que viene desde la postguerra, tiempo en que los padres de familias latinas adquirían, para sus hijos la ropa excedente, a la que varios talles más grandes que la apropiada para la edad de los niños con el objeto de que les durara hasta que crecieran; esto se ha pasado de generación en generación, como costumbre.

Así surgió la vestimenta *"chola"*, no como moda, sino como la única forma de vestirse a la que podían acceder los descendientes chicanos en ese entonces. Y en el presente se transformó en una industria, la industria de la ropa *"cholo"* en la que hombres y mujeres usan el mismo tipo de vestimenta.

Su forma de caminar es característico, lo hacen mirando al resto por sobre los hombros, al cual llaman estilo *'tumbado'*.

Estos grupos no realizan actividades en contra de personas que viven en el mismo barrio donde ellos tienen su centro de operaciones. Algunos de sus vecinos son simpatizantes y colaboran en algunas actividades, por ejemplo, el avisar si llega la policía, guardar drogas, armas o dinero. Los llamados *"paisas firmes"* son aquellos vecinos que, sin ser parte de las maras o pandillas, colaboran con ellos, guardando armas, comprándoles artículos robados; pero aquellos vecinos que colaboran con la policía son considerados enemigos potenciales y se los intimida para que cambien su lugar de residencia, para que dejen el barrio, si ello no ocurre se lo asesina.

Estos grupos tienen algunos principios simbólicos o máximas en las que se resume su idiosincrasia y principios ideológicos para la acción. Entre tales principios pueden enunciarse, como los más destacados, a los siguientes:

- *Por mi madre vivo, por mi Barrio muero;* plasma la claridad del surgimiento de la vida, pero que su fin gira ahora entorno del barrio, es su única inspiración.

- *Por mi Barrio vivo, por mi Barrio mato;* el barrio representa su espacio simbólico sagrado, su lugar antropológico, su todo, tanto así que están dispuestos a morir o matar por él, o como ellos lo llaman *"su familia"*.

- *A toda madre o un desmadre;* con esta expresión dan a entender que su vida la viven intensamente, a toda velocidad, en el día a día, como si fuese el último.

- *Nacimos para ser perseguidos;* ellos tienen la certeza que, como consecuencia de sus acciones, deberán de huir siempre de toda autoridad que no sea la propia.
- *Perdón madre mía por mi vida loca;* es una expresión de la conciencia de la propia vida, de una vida marcada por el desenfreno, lo cual es motivo para pedir perdón a su madre y a la Virgen de Guadalupe, su protectora
- *Donde vayas, llevaras la pandilla contigo;* este principio ha sido una de las bases de propagación del fenómeno. Cada pandillero lleva la semilla para ser plantada allí donde el destino lo lleve.

CAPITULO VIII EL ROL DE LA MUJER EN LA PANDILLA

El rol puede ser definido como, una misma posición en el sistema social. Designa la conducta social esperada de una persona en función del lugar que ocupa en el espacio social; lo cual implica dos elementos básicos a saber: 1) expectativas sociales y 2) las conductas.[229]

8.1. El Roll:

El rol o papel social se refiere al modo como debe ser desempeñada la posición de un individuo (status) dentro de una estructura social. Ubicable entre el individuo y el medio ambiente sociocultural, el rol representa una conducta tipificada.[230]

G. Simmel, afirma que: "el *número de los diversos círculos en que se encuentra comprendido el individuo, es uno de los índices que mejor miden la cultura*"[231]

Los sujetos activan distintos papeles en distintas situaciones, esos papeles son los que lo diferencian del resto en determinado momento, pues ellos prescriben conductas, que en oportunidades pueden ser incompatibles y generar conflictos de adaptación, en especial, cuando las demandas proceden de actores con posiciones y roles dispares.

Para Berger y Luckman, *"los 'roles' son tipos de actores en contextos determinados y (…) las tipologías de 'roles' son un correlato necesario de la institucionalización del comportamiento. (…) Los 'roles' representan el orden institucional"*[232] para ellos, el desempeño del 'rol' mismo que representa el 'rol'

Los roles *representan* el orden institucional; por un lado, el desempeño del rol representa al rol mismo y, por el otro, representa un nexo institucional del comportamiento.

---

[229] Brie, R. J., y Del Acebo, E., *Op. Cit.* voz: rol.
[230] *Idem.*
[231] Simmel, George. Op. Cit. p. 434.
[232] Berger, P. y Luckmann, T. Op. Cit. Pp. 95-97

Para Castells, los roles, por ejemplo, ser trabajadora, madre, vecina, militante socialista, sindicalista, jugadora de baloncesto, feligresa y fumadora al mismo tiempo, se definen por normas estructuradas por las instituciones y organizaciones de la sociedad.

Su peso relativo para influir en la conducta de la gente depende de las negociaciones y acuerdos entre los individuos y esas instituciones y organizaciones.[233]

Para mantener cierta regularidad en el orden social, los actores adoptan mecanismos que procuran prevenir o remediar los conflictos entre roles de un mismo conjunto. Entre esos mecanismos se destacan: a) priorizar un rol del conjunto, b) aliarse con otros en la misma tesitura, c) romper ciertas relaciones y renunciar a ciertos roles.

8.2. La Jaina en las Maras y Pandillas

El rol de la mujer pandillera o *jaina* como la llaman los pandilleros es diferente al de los hombres; en este ambiente, como en muchas sociedades conservadoras, la mujer no goza de los mismos derechos que los hombres.

Generalmente, ellas son utilizadas para realizar aquellas funciones que resulten menos complicadas, por ejemplo, trasladar algunas cosas de un lugar a otro: armas, drogas, mensajes; o bien, son utilizadas como caras visibles para realizar cobro de impuestos en algunos tipos de negocios, son las recaudadoras. Por lo tanto, también están más expuestas a ser identificadas y detenidas por la policía.

Otras de las tareas que se les encomiendan a las mujeres es trasladar el dinero de las cuotas que cobran las clicas y entregarlo a los jefes de un determinado sector, es decir que son los correos de transporte de valores.

---

[233] Castells, M. La Era de la Información, Volumen II, El Poder de la Identidad. (Siglo XXI Editores. México. 1997) pp. 28-29.

También es su función trasladar el dinero de la ayuda solidaria para aquellos miembros del grupo que están en prisión. Esto en cuanto a sus responsabilidades en lo que refiere al traslado de cosas consideradas valiosas para la pandilla.

En los sectores donde se les ordena operar, deben dedicarse a vender drogas, recoger el dinero del impuesto de guerra en las terminales de buses y taxis y el *peaje* en algunos negocios pequeños. Son los miembros más expuestos del grupo, las más victimizadas.

A veces, se las utiliza como carnada para atraer a *"blancos"* potenciales, que previamente ha identificado la pandilla. Para hacerlo, concurren a discotecas y centros sociales y allí toman contacto con quienes se le ha indicado o que ellas mismas han seleccionado en esa oportunidad. Desde esos lugares, los *"blancos"* son conducidos, por medio de engaños a otros sitios, donde son entregados a la pandilla, la que los extorsiona, los asalta o los mata.

La pandilla hace utilizar los encantos de la mujer como medio para extorsionar o secuestrar. Si el grupo pandilleril identifica a alguien que puede serle útil dentro de la organización, usa a la mujer para que lo atraiga, lo enamore, y así reclutarlo. Esto ocurre, especialmente, cuando el que pretenden incorporar es considerado un *"intelectual."* La táctica usada para acercarlo al grupo es, ciertamente, simple: una vez el candidato se ha enamorado, la *Jaina,* amenaza con dejarlo sino se une a la pandilla y colabora con la misma. Por lo general, los elegidos son jóvenes intelectualmente aventajados, pero introvertidos, con poca vida social y escasa experiencia en el trato con mujeres, por lo que su enamoramiento pasa a ser la herramienta que permite reclutarlo y unirlo a la pandilla.

Las mujeres son utilizadas como objeto sexual dentro de la pandilla. Por nuestras entrevistas, que aquí no transcribimos y que sólo conservamos en manuscrito, hemos podido establecer que dicho papel se cumple de dos formas; a saber:

1) Son objeto sexual de todo aquel miembro de la mara o pandilla que quiera tener sexo con ellas, siempre y cuando ellas lo acepten, pero el espacio de decisión está restringido, a quien sea el que solicita el favor sexual, si el solicitante es un jefe de grupo el espacio de decisión se nulifica y queda sin opción negarse.

2) Si la mujer tiene pareja sexual dentro de la pandilla, le debe de guardar fidelidad, ante todo, esta pandillera no puede ni debe aceptar el coqueteo de otro varón que no sea su pareja, si lo hace, comete una falta grave, la cual es penada, muchas veces, con la muerte. Esto no es así para el varón, el cual puede tener cuantas parejas sexuales quiera, siempre que el jefe así lo admita.

Las pandilleras, no pueden establecer una relación sentimental o mantener un noviazgo con alguien que no es miembro de la pandilla, no pueden *"andar con un paisa"*. En este aspecto puede afirmarse que son totalmente discriminadas y no se respetan los sentimientos que puedan tener para con terceros extraños al grupo.

Hemos tomado conocimiento de casos de pandilleros que quieren conquistar a mujeres que no son miembros de las maras. Al respecto, la pandilla se guía por el principio siguiente: si la mujer no responde a los intentos de conquista no debe ser molestada y no se presentan problemas; pero, a pesar de esa supuesta indiferencia del grupo, se han dado casos en que se han tomado represalias contra ellas y han llegado a asesinarlas.

Las *Jainas* también deben dedicarse a los menesteres cotidianos, como la elaboración de los alimentos para el grupo y demás quehaceres domésticos.

Las mujeres no pueden acceder a los cargos de mayor jerarquía. Su papel tradicional dentro de la pandilla es la de pareja sentimental.

Pero, en oportunidad de entrevistar a pandilleras, nos manifestaron que existen *Jainas* que se ganan el respeto del barrio por su valor, entrega y coraje al realizar algunas *"pegadas"* y que las mismas son tratadas con admiración en el interior del grupo. Aunque, a pesar de esas excepciones, la mujer, en general, carga con el estigma de que sólo puede ser utilizada para las funciones tradicionales.

En los inicios del fenómeno pandilleril, los grupos no aceptaban el ingreso de mujeres, luego, al flexibilizarse algunas normas internas, se les permitió el ingreso. Pero, aun así, subsisten grupos *'conservadores'*, que se oponen a ello. Al ingresar una mujer, el líder le asigna la *"clica"* con la que va a vivir y el lugar en el que debe permanecer.

A las mujeres también les corresponde llevar adelante el lado humano y solidario de la *clica*. Atender a compañeros cuando son detenidos y encargarse de cuidar a aquellos que han sido heridos, hasta se encuentren recuperados, pero eso no quita que cuando el líder lo dispone, deban matar o robar como lo hacen los hombres de la pandilla.

Las *Jainas* son mujeres jóvenes que conviven con un pandillero, ofrecen, al igual que este, la vida por el barrio, se encargan de visitar a los pandilleros detenidos, de llevarles comida, ropa y satisfacer los deseos sexuales, como cualquier otra necesidad de estos

Las mujeres pueden o no tener tatuajes, sólo se las puede identificar por el uso del *caló*, sus gustos musicales, y las señales que efectúan con los brazos, manos, dedos y el movimiento corporal al caminar.

Las *jainas* que quedan embarazadas, si así lo desean, pueden seguir en el grupo durante el período de embarazo, tiempo en el que reciben un tratamiento especial, pasan a desempeñar sólo algunas labores, como lo son el transporte de drogas o dinero, puesto que su condición les garantiza que no ser requerida por alguna autoridad.

Aquellas que desean retirarse de la pandilla durante el período de preñez, pueden hacerlo, las que luego de parir, dejan a sus hijos con sus madres o familiares y vuelven a la pandilla.

8.3. Entrevistas a Pandilleras:

Entre las entrevistas que realizamos a algunas pandilleras, hemos seleccionamos para transcribir aquí las realizada a dos de ellas, *la Pink, y la Pelu.*

La *'Pink'*,
Es una ex pandillera de la MS XIII de 22 años. Nos contó que su mamá vive en los Estados Unidos desde hace algunos años y desde allí le envía el dinero para cubrir sus necesidades. Nos comentó también que había tenido marido, del que se separó y con el cual tuvo una hija, a la que llevó a vivir él, porque ella había comenzado a relacionarse con mareros de su barrio.
Al preguntarle: ¿Qué es lo que más recuerdas de tu pertenencia a la pandilla?
Nos contestó que lo que ella más recuerda, es su bautismo en la pandilla, dado que fue la primera *Jaina* en incorporarse a la clica, la golpearon mucho *"me brinque cuando tenía 17 años, estuve echada en una cama como 10 días, me pijiaron[234] toda y como sólo eran hommies, fue muy duro, cada vez que me acuerdo me duele.*
Al preguntarle, ¿En qué cosas importantes has andado?
Nos respondió: *"Anduve en muchas cosas malas, una vez le pegue a una mujer embarazada porque me quedo viendo, la baje del bus, y cuando le iba a estrellar una "turunca"[235] en la cabeza, unos señores evitaron que lo hiciera. Otras veces les pegaba a chavas[236], porque ellas coqueteaban con mi marido hommie y yo no me lo dejaría quitar.*

---

[234] Hondureñismo que se usa para significar golpiza.
[235] Piedra grande
[236] Mujeres jóvenes o niñas.

Yo me dedicaba a cobrar las rentas en los buses, primero pasaba el jefe de la clica avisando que yo pasaría, y yo andaba a veces con mi hija, no pensaba lo que hacía. Recogía sólo de impuesto de guerra hasta USD 500 por semana, en un sólo punto y eran varios puntos los que recorría. Los jueves me dedicaba a vender marihuana y cocaína, en la colonia, en un ratito recogía muchas 'varas'[237], hasta USD 300, en menos de 2 horas.

Una vez los 'chepos me sacaron un pedo'[238] casi me agarran cuando andaba recogiendo 'el pisto de la renta'[239] andaba con mi hija, porque ese día me la había prestado el papá, me hicieron hasta tiros.

Me pesetié[240]de la mara, porque me gustaba otro hommie y mi ex, me reporto que yo no le pedí permiso a él, para que me autorizara vivir con otro, entonces me quisieron matar, me dieron luz verde[241] me tuve que escapar por unos barrancos, me tiraban[242] a matar, si me hubiera quedado, me hubiera pelado[243] viva.

La Pelu:

Otra entrevista con mujeres pandilleras la mantuvimos con *'La Pelu'*, una hondureña de piel morena clara, de porte esbelto, con acento y tono de voz refinados que dan cuenta que tiene estudios y que viene de una familia de clase media.

En el inicio de nuestra entrevista nos dice: "*Yo vivía en San Pedro Sula[244] mis padres me daban todo, estudiaba en un colegio privado, en realidad tenía todo lo que uno necesita, no me hacía falta nada. Pero me gusto un pandillero de la 18 y empecé a andar con él, me brincaron sólo mujeres y de allí, él me puso la taca de "La Pelu", porque decía que parecía un peluche de bonita, la vida era muy bella adentro del barrio, pero había algunos homeboys que se molestaban, porque yo no hacía nada, porque mi marido era jefe de la clica.*

---

[237] Dinero
[238] La policía me asusto.
[239] Dinero de la renta
[240] Desertar
[241] "Orden de matar"
[242] "Me disparaban"
[243] Degollado
[244] Segunda ciudad de importancia en Honduras, ubicada al norte del país.

Yo le tuve dos niños a él, se los llevaba a mi mamá, ella me los criaba, pero tiempo después, en una pegada, lo mataron a él y las cosas cambiaron para mí, pedí traslado para tegus[245] y allí andaba en todas las cosas de las pandillas.

Un día me dijeron que tenía que meter[246] una droga a la penitenciaria y lo hice, me la metí en la vagina y me descubrieron, tengo ya tres años de estar presa.

Aquí me pesetié, porque ya sin usar drogas, entendí que esa vida no me servía de nada, los del barrio se dieron cuenta y entonces me mandaron a matar a mi mamá, solo por eso me la mataron y ahora, a mis hijos los cuida mí hermana menor, sólo quiero salir de aquí para estar con mis hijos, e irme del país, para que no nos maten a los tres. Se que, si me encuentran, lo van a hacer.

Hasta aquí el rol de las mujeres en las maras y pandillas, podemos concluir que ellas, por un lado, son discriminadas por los pandilleros, aunque, por otro lado, una vez que han ingresado en la pandilla deben cumplir con todas las normas y exigencias que los pandilleros les impongan. Cumplen con todos sus deberes, pero no tienen la plenitud de sus derechos.

---

[245] Diminutivo de Tegucigalpa.
[246] Introducir

CAPITULO IX: LA GLOBALIZACION, REGIONALIZACION, TRASNACIONALIDAD Y EL FENÓMENO DE LAS MARAS.

La sociedad actual se caracteriza entre otras cosas, por la globalización tanto de los procesos productivos como de las comunicaciones y por lo tanto, de nuevas formas de relaciones humanas y sociales. Paralelamente, los riesgos derivados de los avances tecnológicos aumentan día a día en número, a la vez que superan con creces los límites de lo local, esos riesgos se convierten en elemento central del proceso de globalización.

9.1. Precisiones Conceptuales:

Una de las características distintivas de las sociedades postindustriales es, sin lugar a dudas, el haber creado condiciones de vida en que riegos, de distinto tipo y nivel, se han transformado algo cotidiano. Convivimos con ellos y los hemos interiorizado y aceptado como parte de la realidad cotidiana. No obstante, algunos de estos riesgos son asumidos voluntariamente y sin conflictos aparentes, mientras que otros se ven envueltos en polémicas y protestas. Vivimos en lo que Beck llama, Sociedad del Riesgo.

Los riesgos de la vida diaria, dice Beck, (tabaco, accidentes, crímenes...) son aceptados como "*normales*", a pesar de que el número de muertes que producen son mucho mayores que las catástrofes, objeto habitual de contestación y de protesta social; si bien son éstas sobre los que menos control puede ejercer el individuo.

No obstante, en la sociedad actual no sólo existe una globalización de los riesgos individuales (en la práctica totalidad de los países industrializados aparecen en mayor o menor medida los riesgos que dábamos cuenta más arriba) sino que los grandes riesgos actúan potencialmente en todo el mundo, superando las fronteras creadas por el hombre. El alto nivel de interrelación que nos presenta el hoy hace que lo que afecta a unas colectividades repercuta en el resto, sea de manera directa o indirecta.

Debido a la presencia constante del riesgo en las sociedades modernas y a la inmediatez de sus consecuencias se hace necesaria una aclaración de lo que significa el concepto de "sociedad del riesgo", expresión que aparece unida a otros conceptos extendidos como el de "sociedad de la información" o "globalización".

Existen diferentes opiniones en cuanto al momento en que se comienzan a apreciar algunas características que son indicios de la globalización, por ejemplo, U. Beck realiza una clasificación de las fechas que se pueden considerar como el inicio del fenómeno, en sus argumentos deja expuesto que *"el inicio de la globalización aparece fechado de manera bastante bien diferenciada:*

Autor	Inicio	Denominación
Marx	Capitalismo moderno	Capitalismo moderno
Wallerstein	Siglo XV	Sistema Mundial Capitalista
Robertson	1870-1920	Multidimensional
Giddens	Siglo XVIII	Modernización
Perlmutter	Final del conflicto este oeste	Civilización Global

Fuente: Beck, U. ¿Qué es la Globalización? Barcelona, Paidós. 1998 p. 41.

A estos acontecimientos hay que agregar en la opinión de algunos, a Cristóbal Colón y el descubrimiento de América. Esto hasta el presente se muestra como cuestión de opinión y de enfoques para determinar la fecha o época que en la historia de la humanidad se inicia el proceso, pero es innegable que la fecha y el hecho tomado con más referencia y con mayor aceptación, es la caída del Muro de Berlín y el fin de la Guerra Fría, y todas las implicaciones que ello trajo consigo.

Consideramos necesario para nuestras argumentaciones y su secuencia lógica, puntualizar en algunas apreciaciones conceptuales.

Por cierto, algunos términos de similar conceptualización a veces se han tomado como sinónimos, tal es el caso, por ejemplo, del concepto de globalismo, que Beck dice que *"entiendo la concepción según la cual el mercado mundial desaloja o sustituye el quehacer político; es decir el dominio del mercado mundial o la ideología del liberalismo"*[247].

En este caso se toma únicamente como variable a la economía, por lo que los procesos resultantes de este hecho se basaban sólo en el intercambio de mercancías y las relaciones se enmarcan en la llamada ley de oferta y demanda del mercado. Asimismo, Beck refiere al concepto de globalidad, poniendo de manifiesto que ya hace bastante tiempo que vivimos en una sociedad mundial.

Frente a estos cambios, pareciera que no tiene ya vigencia la tesis de los espacios cerrados. Se ha convertido en un hecho impensable que una nación pueda subsistir aislada del mundo que la rodea y, al adentrarnos en la historia se comprueba que, a través del tiempo, ninguna cultura se aisló, sino que siempre ha existido una relación cultura-cultura o nación-nación.

---

[247] Op. Cit. P. 27.

Beck, al adherir a esta observación, llega a la siguiente definición de globalización: "procesos *en virtud de los cuales los estados nacionales soberanos se entremezclan e imbrican mediante autores trasnacionales y sus respectivas probabilidades de poder, orientaciones, identidades y entramados varios*"[248]. En ella entran en juego dimensiones tales como: cultura, la tecnología, medios de comunicación; tiñe pues su proyección de una interpretación holística y no fraccionada.

Z. Bauman, por su parte, sostiene que la globalización se manifiesta en estos términos "en *su significado más profundo, la idea expresa el carácter indeterminado, ingobernable y auto propulsado de los asuntos mundiales; la ausencia de un centro, de una oficina de control, de un directorio, una gerencia general.*

La globalización es el 'nuevo desorden mundial' de Jowitt, con otro nombre."[249] Así, pasamos de la esperanza a la angustia, del optimismo al pesimismo, de ser un proceso de universalización y optimización de recursos y medios, a un motivo más para aumentar la gran masa periférica de personas y estados desplazados.

El mismo Bauman hace referencia a un hecho que acompaña a la globalización, que la específica y distingue: la glocalización, a la que define como "*el proceso de concentración no solo de capital, las finanzas y demás recursos de la elección y la acción efectiva, si no también – y quizá principalmente- de libertad para moverse y actuar*"[250]. Donde este concepto de libertad se convierte en sinónimo de ser más práctico. El fenómeno de la glocalización refiere, como dice Robertson, tomado y traído por Bauman, a la "*unidad indisoluble de las presiones 'globalizadoras' y 'localizadoras'*" cuyo fin es no pasar por alto este hecho que el concepto unilateral de la globalización lo hace".[251]

---

[248] Op. Cit. P. 29.

[249] Bauman, Z. La Globalización Consecuencias Humanas, (Buenos Aires. Fondo de Cultura Económica. 1,999) p. 80.

[250] Op. Cit. P. 95.

[251] Op. Cit. P. 95.

Vivimos en una sociedad globalizada de riesgos, y parafraseando a Beck podemos afirmar: riesgos que se vienen multiplicando considerablemente desde que se producen los grandes avances tecnológicos.

Las voces riesgos y peligros son similares en cuanto a su significación, pero, en orden a distinguirlas usaremos como referencia conceptual lo que al respecto nos dice el mismo Bauman, mientras que riesgo refiere, sobre todo, a aquellos procesos de toma de decisión, a un proceso eminentemente humano; el peligro es considerado como todo sucesos imponderable, externo y fortuito a la intervención del hombre, según Beck.

En ambos casos, se trata de la posibilidad futura de recibir daño o perjuicio debido a una situación concreta.

El peligro surge normalmente de forma natural y objetiva sin necesidad de intervención humana, además, por lo general, es susceptible de ser observado directamente, sin mediación alguna. El riesgo, en cambio, se desprende de forma directa de una actuación humana. En suma, riesgo es la percepción social del peligro; se trata, por tanto, de una cuestión subjetiva.

En lo que refiere a los riesgos, podemos distinguir dos grandes tipos: los globales y los individuales. Los primeros refieren a posibles contingencias futuras cuyos resultados producen efectos dañinos a grandes grupos de individuos, sin limitar su campo de acción a un territorio concreto, como, por ejemplo, las grandes catástrofes que afectan magnitud sobrepasando cualquier frontera y limitación física. Los ejemplos más claros que se pueden pensar son las catástrofes nucleares o el efecto invernadero.

Vivimos en una era de globalización total, al menos en materia de economía, comunicaciones, tecnología; pero lo que más caracteriza a la nueva sociedad mundializada es la internacionalización de los grandes riesgos (lluvia ácida, vertidos petrolíferos, efecto invernadero, etc.). El hecho más destacado de esta sociedad es que es imposible aislarse de los riesgos.

Paralelamente a estos grandes riesgos, existe lo que podríamos llamar pequeños riesgos o riesgos cotidianos, que igualmente son susceptibles de afectar a grandes aglomerados y cuyas consecuencias pueden sufridas de manera individual o colectiva, pero sin estar son focalizados. Son problemas que afectan a una gran parte de la sociedad, pero no de la misma forma que las catástrofes. Son, por ejemplo, los accidentes automovilísticos, el uso de aparatos eléctricos en la vida diaria, accidentes laborales o la exposición a sustancias perniciosas como el tabaco. En esta categorización entran también los efectos de la criminalidad en general, que afectan a un significativo número de individuos. La criminalidad, en este sentido, puede ser concebida como riesgo global o al menos, trasnacional.

A la sombra del proceso globalizador, ha surgido una sociedad en la que la multiplicidad de recursos y opciones se encuentra a la orden del día, pero, de igual manera que las potencialidades del sistema se han visto aumentadas de manera sustancial, se ha producido la expansión de los riesgos derivados de ellas.

En nuestros días, los riesgos se han convertido en una característica más de la sociedad, no porque antes no existiesen como tales, sino por su naturaleza y extensión. Este fenómeno produce generalmente reacciones encontradas, tal como lo expresa Bauman: algunos consideran que la globalización es indispensable para la felicidad; mientras que sostienen que es la causa de la infelicidad. Todo depende desde que lugar que apreciamos el fenómeno y el papel que desempeñamos en él.

9.2. El Carácter Trasnacional/Regional del Fenómeno Pandilleril:

Cuando la delincuencia organizada construye conexiones con organizaciones similares formando redes en todo el mundo, la Organización de las Naciones Unidas (ONU) la identifica como *"Delincuencia Organizada Transnacional"*. Por su parte, la Unión Europea la denomina *"Delincuencia Organizada Transfronteriza"*. Así, las organizaciones dedicadas a la delincuencia organizada emprenden operaciones ilegales de diferentes tipos, como ser operaciones fraudulentas de diferente índole.

En base a esto, podemos decir que uno de los múltiples estragos de la globalidad o de sus efectos perversos es el surgimiento del crimen transnacional organizado, el cual se ha expandido con facilidad y rapidez en los países pobres de América Latina, aprovechando la liberación de sus fronteras, debido a los procesos de integración que se llevan adelante desde hace algunos años, la debilidad institucional, la pasividad de algunas autoridades, la corrupción, promovida a veces, desde los mismos aparatos gubernamentales, y a una práctica que se ha convertido en hecho común toda la región: asignar a Fuerzas Armadas tareas de seguridad pública, tal y como pasa en Honduras, desde 1998.

El crimen globalizado o transnacional en Centro América, se ha convertido en una multinacional próspera, la que se cree ha ido trastocando las estructuras políticas y jurídicas de los estados nacionales, ha deteriorado sus sistemas de procuración y administración de justicia, convirtiéndose en un verdadero riesgo para sus frágiles estructuras democráticas.

En la región centroamericana, el crimen globalizado se manifiesta sobre todo en dos formas: tráfico de drogas y personas, y en la proliferación de las maras y pandillas juveniles, que participan en este mismo tráfico, además de asesinatos por encargo, ajusticiamientos, secuestros, extorsiones, chantajes, por sólo citar algunos de los más reconocidos de sus delitos.

Según un estudio revelado por el Instituto de Opinión Pública de la Universidad Centroamericana "José Simeón Cañas" (UCA), en el foro "Violencia juvenil en la región: un diálogo pendiente", los pandilleros salvadoreños aseguran tener relaciones estrechas con personas que residen en Estados Unidos o en otros países de la región. Los guarismos que resultan de dicha encuesta son los siguientes:

Estados Unidos	37.2%
México	19.9%
Guatemala	15.3%
Honduras	15.3%
Nicaragua	4.1%
Otros	6%
No responden	2%

Ya hemos caracterizado a la globalización, pero en este punto queremos sumarle un hecho que, si bien no es nuevo, es inherente al hombre, toma dentro de este contexto nuevos ribetes: la criminalidad, la cual se ha adaptado y evolucionado dentro de esta nueva era.

La criminalidad presenta, dentro de la globalización características típicas, como se puede observar en el hecho del traspaso de fronteras para realizar actividades delictivas, las conexiones existentes entre bandas de diferentes países y zonas geográficas, así como la subordinación de unas organizaciones criminales a otras de mayor jerarquía. Castells, al referir a este fenómeno, dice: *"las actividades delictivas y las organizaciones mafiosas del mundo también se han hecho globales e informacionales"*[252]

Las maras y pandillas son parte de la periferia entorno a la globalización. En los últimos años estas pandillas se han convertido en un objeto de preocupación internacional debido a que sus actividades son transnacionales y amenazan la estabilidad política y el desarrollo social de los países afectados.

Según las agencias y departamentos de seguridad de Honduras, existe coordinación y comunicación permanente con otras maras y pandillas de otros barrios, y la comunicación entre clicas es fluida. Con el objeto de no ser identificados, así, por ejemplo, algunos miembros de las pandillas y maras de San Pedro Sula van a Tegucigalpa a realizar algunos trabajos, y viceversa. Se conoce que con esta forma de operar se llevó adelante la masacre de Chamelecón en diciembre del 2004 donde fue acribillado un bus del transporte urbano, falleciendo cerca de 30 personas y otros tantos resultaron heridos; por ello se dejó de hablar del fenómeno pandilleril como cuestión típica de los barrios y se pasó a hablar del fenómeno como de carácter nacional.

El tipo de relaciones al que hacemos referencia se da también a nivel internacional, entre maras de diversos países. Las maras coordinan sus acciones a nivel regional, con las maras y padillas de El Salvador y Guatemala, etc.

---

[252] Castell, M. La Era de la Información, Volumen II, El Poder de la Identidad. (Siglo XXI Editores. México. 1996) p. 28.

Para esos grupos no predomina la idea de soberanía en el sentido de lo nacional, si no que prevalece, sobre todo, el sentimiento de la *'Nación Pandilleril'*, donde sus amigos, son sus pares de otro país y sus enemigos, son sus compatriotas de la mara o pandilla rival.

Ellos no hablan de la MS XIII de Honduras, la MS XIII de El Salvador, o Pandilla 18 de Honduras, la 18 de El Salvador, sino que son la MS XIII en Honduras, la MS XIII en El Salvador, lo mismo ocurre con la Pandilla 18, es la 18 en Honduras y la 18 en El Salvador, en su universo no existe la nacionalidad hondureña, salvadoreña o guatemalteca, sólo existe la *'Nación Mara'* o la *'Nación Barrio 18'*.

Además, entre sus filas tienen un alto grado de movilidad, especialmente desde y hacia los Estados Unidos, prueba de ellos es el hecho que, en el periodo comprendido entre marzo del 2005 y abril del 2006, fueron apresados en la frontera sur de los Estados Unidos 127 mareros salvatruchos, que provenían de El Salvador[253] eran inmigrantes, que no estaban radicados en ese país, acababan de ingresar o estaban a punto de hacerlo.

En tales niveles de accionar, las relaciones se trazan en base a la coordinación de agencia a agencia, aunque, estas grandes agrupaciones pandilleriles nacionales, están sometidas a las instrucciones que dan los líderes radicados en Los Ángeles, desde donde imparten órdenes del mismo modo que lo hacen grandes corporaciones empresariales desde su central a las agencias repartidas en distintas partes del mundo.

Cuando un jefe es deportado desde los Estados Unidos, mantiene status, aunque llegue deportado a Honduras, entra al país con *'clecha'*, con rango, mantiene su nivel jerárquico, y la subsidiaria hondureña debe atenderlo y rendirle los honores y dispensas que su status merece.

---

[253] Departamento de Inmigración de los Estados Unidos, II Convención Antipandillas. San Salvador, El Salvador, del 4 al 6 de abril del 2006.

Estas pandillas, no son grupos de forajidos rudos y torpes, que se movilizan por sus instintos, son grupos muy bien organizados, definidos y diseñados, dirigidos por gente pensante que les determina sus objetivos.

Todo el proceso de comunicación entre las pandillas se realiza fluidamente por los más sofisticados medios tecnológicos y los mensajes escritos a través de las '*wilas*', en fin, la comunicación es muy fluida. Inclusive, la organización mueve piezas clave dentro de sus estructuras para garantizar su buen funcionamiento. Un ejemplo de ello es el caso que presenta Honduras actualmente, donde se encuentran algunos mareros y pandilleros procedentes de El Salvador, llegados para fortalecer y dinamizar a su similar hondureña.

Las autoridades policiales de El Salvador sostienen que, algunas pandillas tienen nexos con carteles de drogas de México y Estados Unidos, como lo son los carteles de Tijuana, Sinaloa y el de Nuevo Laredo, es decir que tienen vínculos globales con las grandes mafias del narcotráfico, las que trasiegan una gran cantidad de estupefacientes que ingresan a los Estados Unidos de América.

Por otra parte, no se descartan sus relaciones con carteles de la droga colombianos. Uno de los jefes de clica de una de las pandillas que hemos puesto bajo estudio, nos manifestó en una de las entrevistas que, al inicio ellos colaboraban con los carteles de la droga solamente en el transporte de la misma y que por eso recibían como pago, alguna cantidad del alucinógeno, el pago era en producto, pero ahora dicen que ya no solamente son mulas, están de lleno dentro del negocio, están de "tú a tú" en las transacciones, inclusive hay algunos que viajaron a Colombia para conocer mejor el negocio.

9.3. Entrevista a 'el Crazy'

En referencia a este tema, entrevistamos a un pandillero de la MS XIII, a quien apodan *el Crazy*, un joven de 30 años, originario de la República de El Salvador, pero que vivió por largo tiempo en Los Ángeles, California, quien nos dijo que se encuentra en Honduras arreglando unos *bisnes*[254] Accedió a hablar con nosotros, bajo la premisa: '*sopla*[255] *vato, que no tengo mucho chance*[256]

El Crazy, nos dijo que venía a ver como estaban las cosas por Honduras, "*venimos a visitar a los hommies catrachos*[257]*a ver qué tal se portan con uno que viene con clecha del norte. La mera neta*[258] *es que queremos ver cómo están funcionando, peor ahora que están jodiendo mucho con esa ley antimaras que nos pusieron y que al suave nos llevan al mamo*[259]*. Queremos que sepan que estamos chiva*[260] *con lo que les pase, y que no aguiten*[261]*, porque esto está cabrón.*

Le preguntamos a que clica pertenecía, y nos dijo que '*no brother, yo soy Califas, vengo de L A, yo vivo allá, sólo vine a dar mi vuelta por el barrio aquí en Honduras, y yu pase por mí Salvador, todo está bien, en unos días me la voy a dar para el norte.* Me llamó la curiosidad por saber, cómo es que viajaría y si no tendría problema con las autoridades migratorias de Estados Unidos.

A lo que me respondió: "*tenemos nuestros contactos para movernos de aquí p'allá y de allá p'aca, no hay falla, ya hice este viaje un pijo*[262] *de veces.* Con lo cual nos dio a entender que se movilizaba con frecuencia en la región, y, además, nos dijo que a veces traía *wila* de allá, del norte, de Estados Unidos.

Así, con esa facilidad y tranquilidad, al parecer, se mueven estos grupos, vienen con instrucciones de allá, o vienen a pasear, y luego, se marchan de nuevo, con un cargamento, ya sea de drogas, de dinero o armas.

---

[254] se refiere a algunos asuntos y negocios pendientes.
[255] Apúrate
[256] Pero apúrate que no tengo mucho tiempo, estoy ocupado.
[257] Así se le llama en la región a las personas de origen hondureño.
[258] La verdad
[259] Cárcel
[260] Pendientes
[261] No aflojen
[262] En varias oportunidades.

CAPITULO X LA RESPUESTA DEL ESTADO

Toda esta problemática de las maras y pandillas juveniles y la inseguridad que provocan ha dado como resultado, entre otras cosas, que la sociedad exija a los gobiernos buscar soluciones inmediatas a este fenómeno y combatan el crimen que generan estos grupos y se aumenten las penas para los miembros de esas organizaciones criminales.

En este capítulo haremos un recuento de las aquellas iniciativas y medidas adoptadas por el Estado hondureño, para hacer frente a esta problemática.

A los efectos metodológicos, analizaremos por separado las medidas que refieren a la prevención, rehabilitación y reinserción del fenómeno de las pandillas, y aquellas medidas tomadas para su combate. Asimismo, en el capítulo mencionaremos la labor y propuesta de algunas organizaciones no gubernamentales que colaboran con el Estado para encontrar soluciones al problema.

10.1 Medidas de Prevención, Rehabilitación y Reinserción:

En esta materia, el Estado hondureño, tomo varias medidas para intentar prevenir el ingreso de jóvenes a las maras y pandillas juveniles, sobre todo entre el 2001 y 2004.

Pero, desde mucho antes, hace más de diez años realiza sus labores una institución que se puede considerarse pionera en la materia. Sus trabajos los inicia en la época en que el fenómeno no se percibía con la nitidez que se presenta en nuestros días.

Nos referimos a la Unidad de Prevención de Pandillas, adscrita a la Sub Dirección de Policía Comunitaria, de la Policía Nacional de Honduras, que, con un plan integral, trata de prevenir el ingreso de jóvenes a las pandillas, mediante la educación. Esta Unidad desarrolla los siguientes programas:

• Programa Educación para Resistir y Evitar las Maras:
Es un programa educativo especial, dirigido a escolares de quinto y sexto grado de educación primaria, los cuales se encuentran en la edad en que los niños son reclutados por las pandillas. El programa está compuesto de 15 lecciones. El objetivo del mismo es que el joven tome conciencia del peligro que significa ingresar a un grupo pandilleril.

• Programa Conocimientos Básicos en Maras (COBAMA):
Este programa está diseñado y dirigido a funcionarios del Poder Judicial, a miembros de la Fiscalía General del Estado y a maestros del Sistema Educativo Nacional. El mismo tiene el propósito que dichos agentes identifiquen tempranamente, algunas señales características de las prácticas propias de los miembros de estos grupos.

• Programa Desafíos:
Es un programa dinámico dirigido especialmente a la población estudiantil adolescente, cuyo propósito, es que este segmento poblacional, reciba orientación sobre prevención acerca del uso de drogas, sexualidad y pandillas. Se imparte en los colegios de segunda enseñanza, ya sean públicos o privados.

• Programa Despertad:
Tiene el mismo propósito orientativo que el anterior, con la diferencia que está dirigido a los padres y madres de familia, para que los mismos conozcan algunas herramientas que les sirvan para prevenir, orientar y mantener a sus hijos alejados de la amenaza de las pandillas.

• Programa de Capacitación Interna a Policías:
La Unidad de Prevención de Pandillas, funciona de una manera tan integral, que, para cerrar el abanico de orientación y prevención del fenómeno pandilleril, considera importante educar a la población policial, ya que sus miembros son los que se enfrentan directamente con las pandillas.

Esta Unidad de prevención y educación, ha capacitado, hasta junio del 2007, a más de 94 mil personas, entre niños, jóvenes y adultos hondureños[263]. Todo esto a pesar del poco apoyo y presupuesto que tiene, el éxito de esta unidad depende más de la capacidad de gestión de sus directores y miembros, que de la plataforma de apoyo institucional que recibe.

Otro de los avances alcanzados en esta materia, es la aprobación de la Ley para la Prevención, Rehabilitación y Reinserción Social de Personas Integrantes de Pandillas o Maras. En octubre del 2001 mediante Decretos Nos. 141-2001 y 170-2001, fue promulgada dicha ley, cuya finalidad es:

> *"prevenir las causas que inducen a las personas a pertenecer a pandillas o maras, desde las cuales están propensas a asumir actitudes de violencia, generar adicciones a drogas y alcohol e incurrir en violaciones a la ley, así como rehabilitar y reinsertar en la vida social a personas que pertenecen o han pertenecido a pandillas o maras, a fin de que puedan convertirse en ciudadanos y ciudadanas que actúen en su vida privada y pública, con autoestima, responsabilidad social, y respeto a las leyes."*[264]

Para la aplicación de esta ley y lograr su finalidad, se crea el "Programa Nacional de Prevención, Rehabilitación y Reinserción Social" como una unidad descentralizada de la Presidencia de la República, la cual tiene como misión y funciones coordinar, fortalecer y dar coherencia a la implementación de todos los programas, proyectos y acciones que se desarrollen en esta materia y, además, apoyar las transformaciones que sean necesarias para los propósitos de dicha ley.[265]

Esta ley, se basa en la aplicación de tres conceptos centrales:

> *"**PREVENCIÓN**: Las acciones desarrolladas en la familia, comunidad y toda la sociedad, en procura de espacios de socialización y participación, así como la identificación*

---

[263] Unidad de Prevención de Pandillas.
[264] Artículo 1.
[265] Artículo 2.

temprana y reversión de actitudes y factores de riesgo induzcan a la agrupación en pandillas o maras, al igual que las intervenciones que permitan reducir las consecuencias de dicha pertenencia, en especial las conductas delictivas.

REHABILITACION; *Acción educativa, habilitadora y terapéutica, dirigida a las personas, pandillas o maras que sean beneficiadas por programas que tengan por objetivos el cambio de actitudes, practica de valores y desarrollo de aptitudes.*

REINSERCION SOCIAL: *Proceso por el cual las personas en rehabilitación o rehabilitadas inician o retoman actividades de estudio, trabajo, recreación, construcción de redes de relaciones familiares y otras para su desarrollo personal y social, en condiciones de seguridad y bajo el respeto pleno de sus derechos. Todos estos procesos y acciones, se realizan con el apoyo del estado y sus entes, familia, la sociedad civil, las organizaciones no gubernamentales (ONG), los medios de comunicación, iglesias y la comunidad nacional e internacional."*[266]

Finalmente, queremos mencionar, las personas que son beneficiadas con esta ley, "Son sujetos de la presente ley los miembros de pandillas o maras y quienes, sin serlo, están en riesgo de integrar voluntaria o involuntariamente dichas agrupaciones."[267]

La aprobación y promulgación de esta ley ha significado para la sociedad hondureña un avance en materia de prevención, rehabilitación y reinserción de personas en pandillas. Pero, lo resulta contradictorio en la misma es la distancia temporal que se da entre su aprobación -octubre del 2001- y el tiempo en que comienza a aplicarse – 2004-.

Se suman a las acciones del Estado las tareas de Organizaciones no Gubernamentales que tienen como objetivo enfrentar la problemática pandilleril.

---

[266] Artículo 2.
[267] Artículo 3.

Algunas de estas organizaciones se encuentran dedicadas por completo a la prevención, rehabilitación y reinserción de personas en pandillas. Ocupando el espacio, que el Estado y sus instituciones, no asumen.

Una oportunidad del Estado hondureño es la aprobar la Ley Marco de Desarrollo Integral de la Juventud, presentada por el Foro Nacional de la Juventud al Congreso Nacional el 29 de mayo del 2001, y que, a la fecha no ha sido objeto de discusión.

Este proyecto abre nuevas perspectivas en una materia en que las medidas son escasas. Las medidas propuestas en el proyecto forman el contexto apropiado para la de prevención, rehabilitación y reinserción de mareros y pandilleros.

10.2. Medidas de Control.

Estas medidas, fueron las más impactantes y extremas que tomaron los Estados de Honduras, El Salvador y Guatemala y que, por cierto, Nicaragua, le dio un tratamiento diferente al problema, ya que su gobierno se orientó más a la prevención que a la represión del fenómeno pandilleril.

El Estado hondureño respondió con dureza a los embates de las pandillas, endureció las penas y se creó una tipología legal para atacarlas. Una de las medidas de mayor significación fue, sin lugar a dudas, la reforma del artículo 332, del Código Penal hondureño, que popularmente se la conoce como la *"Ley Antimaras"*, dado que penaliza el hecho de pertenecer a ellas. Esta reforma penaliza el hecho de pertenecer a una asociación que se reúna con fines ilícitos, aunque no se cometa delito alguno.

El artículo 332 del Código Penal anterior expresaba, *"se sancionará con tres a seis años de reclusión y multa de cien a doscientos mil Lempiras, a los fundadores o cabecillas de pandillas o grupos ilícitos. A los demás miembros, se les aplicará la misma pena, rebajada en un tercio."*

En Honduras, la legislación señala que todos los delitos cuya pena sea menor de cinco años, son fiables, es decir de carácter conmutable, por lo tanto, excarcelables.

Por lo que, al introducirse la reforma del artículo en el 2003, el delito de asociación ilícita quedó redactado de la siguiente manera: "*Se sancionará con penas de nueve a doce años de reclusión y multa de diez mil a doscientos mil lempiras,*[268] *a los miembros y cabecillas y otros grupos que se asocien con el propósito permanente de ejecutar cualquier acto constitutivo de delito.*" Y, a inicios del 2005, se hizo una nueva reforma al artículo 332, que quedó redactado en los términos siguientes: "*Se sancionara con penas de veinte a treinta de reclusión y multa de cien mil a trescientos mil lempiras, a los miembros y cabecillas y otros grupos que se asocien con el propósito permanente de ejecutar cualquier acto constitutivo de delito.*"

Para aplicar este artículo, se deben dar y cumplir algunos requisitos, tales como: "comprobar la existencia de un grupo o asociación. Que dicha asociación tenga carácter permanente y no una simple reunión casual de delincuentes. Que el grupo sea de naturaleza criminosa. Y la vinculación de imputado con dicha asociación."

Las organizaciones que velan por la protección a los derechos humanos alzaron su voz de protesta por considerar, tesis que compartimos, que esa reforma violentaba algunas garantías constitucionales.

Las instituciones que siempre estuvieron vigilantes sobre esta reforma y que, desde el primer momento, consideraron que la misma es inconstitucional, son el Comisionado Nacional de los Derechos Humanos y el Centro de Investigación y Promoción de los Derechos Humanos (CIPRODEH). Este último, sostiene que el artículo reformado, es inconstitucional, entre otros motivos, por los siguientes:

---

[268] El cambio actual es de 19 Lempiras por cada dólar estadounidense.

Primero, porque es una de las pocas figuras del código penal hondureño, que sanciona delitos de tipo abstracto, es decir que por medio de este no se penaliza una acción tipificada como delito, sino que se penaliza una intención.

Además, no tiene un bien jurídico determinado a tutelar. Se la considera una 'ley' penal en blanco, como un comodín normativo penal a utilizar cuando hay vacío normativo.

Se la considera una norma discriminatoria, y que, por lo tanto, viola el principio de igualdad constitucional, pues se dirige a perseguir con exclusividad a un grupo social en situación de exclusión social; sin distinción si la persona integrante de una pandilla ha cometido o no delito.

La sanción por Asociación ilícita viola el principio de proporcionalidad de las penas, ello debido a que podría terminar castigándose con más pena el mero hecho de asociarse que al delito efectivamente cometido, al cual le correspondería una pena sensiblemente menor. Así, por ejemplo, los delitos de lesiones, amenazas, daños a la propiedad, portación de armas, hurtos, cierto tipo de robos, tienen menor pena que el delito de asociación ilícita. Bajo ese esquema se considerará como falta más grave la potencialidad del delito que el delito mismo, con lo cual se violenta el principio constitucional de proporcionalidad de las penas.

Además de la reforma del artículo 332, el gobierno firmó un Decreto Presidencial que faculta a la Policía y a las Fuerzas Armadas a realizar allanamientos de morada sin orden judicial ni control del Ministerio Público.

Las medidas, fueron acompañadas por operativos policiales y militares, dado que, en Honduras, hay una vieja y mala tradición, como es la de involucrar a militares en cuestiones de neto corte policial, y que han tenido como resultado algunos abusos, torpezas, y errores, propios de gente no entrenadas para el trato con los ciudadanos sino para la guerra.

Se iniciaron operativos, con nombres sugestivos, propios de batallas convencionales o de operaciones de contra insurgencia, como "Operación Libertad", "Plan Escoba" y "Libertad Azul".

En los que se detenía a una gran cantidad de jóvenes, que tenían grabados en sus cuerpos tatuaje, la mayoría de ellos eran remitidos a los tribunales de la República, por suponerlos responsables del delito de 'asociación ilícita'

10.3. Resultado de las Medidas Tomadas:

Todas las medidas tomadas hasta el presente, sobre todos las represivas, dieron algunos frutos y resultados inmediatos, como, por ejemplo, el incremento del número de detenidos, resultado los operativos de corte militar, con gran cobertura mediática. A continuación, presentamos un cuadro demostrativo, en el que se contiene el número de personas que se detuvieron y la condición posterior a su proceso legal:

Condición Jurídica	Cantidad
Personas detenidas en aplicación del artículo 332.	5,278
Liberados por decisión administrativa	1669
Remitidos a los Tribunales	3539
Con Prisión Preventiva o Internamiento	1871
Otra Medida Cautelar	456
Sobreseimiento Provisional	619
Sobreseimiento Definitivo	337
Libertad por Minoría de Edad u Otras Causas	266

Fuente: Poder Judicial, Ministerio Publico y Policía Nacional. Elaboración Propia. Periodo comprendido entre el 14 de agosto del 2003, hasta el 31 de abril del 2006.

Todas estas medidas, contaron respaldo y apoyo popular. El pueblo veía reflejada en ellas la respuesta que pretendía del Estado para hacer frente a la criminalidad, a la cual la interpretaba, como cuestión 'única y exclusiva' de las maras y pandillas. El impacto fue *positivo*, ya que estos grupos se vieron acorralados y huían para evitar ser capturados por el delito de 'asociación ilícita', por cierto, su actividad anómica disminuyó; inclusive, según ellos manifiestan, se retiraron de las pandillas, para no ir a prisión o morir en algún enfrentamiento con las fuerzas de seguridad.

En las entrevistas mantenidas, al tratar este tema, algunos pandilleros nos dijeron que esa fue la época más dura que vivieron; pero, el problema está en el hecho que el gobierno estigmatizó legalmente a los miembros de las maras, al criminalizar su pertenencia a estos grupos y, más aun, estigmatizó el hecho de tener grabado un tatuaje en el cuerpo, por lo que, con este estigma, el joven tatuado es marero y ser marero es equivalente a ser criminal. Por lo tanto, *todo tatuado es criminal*.

Al cabo de un tiempo de la aplicación de la reforma del artículo 332 del código penal, el sistema penitenciario de Honduras se vio colapsado porque el número de internos llegó a ser muy superior a la capacidad del sistema. Los remitidos a prisión a causa de la violación del artículo 332 dominaron por mayoría el sistema penitenciario y se originó en las cárceles una lucha de poder entre pandillas rivales, como así también entre pandillas y presos comunes, los conocidos en la jerga carcelaria como los *'paisas'*.
Esto trajo aparejados motines con resultados nefastos, en la ciudad de La Ceiba, el 5 de abril de 2002, fallecieron, a causa de unos de esos incidentes, 67 internos y en la cárcel de San Pedro Sula, el 17 de mayo de 2004, los muertos llegaron al número de 107 internos. La mayoría de los fallecidos eran pandilleros. Tragedias, estas que, por cierto, pudieron ser evitadas, según lo han informado los organismos de derechos humanos e iglesias que trabajan con detenidos. Hoy, el Estado hondureño enfrenta sendas demandas en cortes internacionales por ambos sucesos.

Estas medidas, provocaron también que una gran cantidad de jóvenes pandilleros, acudieran a las clínicas y organizaciones no gubernamentales, que brindaban el servicio de borrado de tatuajes, mediante una quemadura de la piel, donde se localizaban estas.

Obviamente se borraban los mismos, pero en su lugar quedaba una lesión por quemaduras. Otros tantos, decidieron retirarse de las pandillas, renunciaron, o simplemente se 'calmaron', es decir que se alejaron por un tiempo de la pandilla, pero sin renunciar a ella.

Estas medidas llevaron a producir un movimiento migratorio inverso al tradicional, se produjo este flujo ciudad-campo, y con ello un fenómeno típicamente urbano, como es el pandilleril, se trasladó a poblados rurales, sin desaparecer totalmente del ámbito de las ciudades. Algunos pandilleros decidieron volver o emigrar a los Estados Unidos, se cree que entre ellos hay quienes prefirieron quedarse en México y allí dedicarse al tráfico de personas, y competir con los traficantes tradicionales de personas, conocidos como "polleros" o "coyotes".

Entre las respuestas de grupos pandilleriles, por verse acorralados y diezmadas sus fuerzas, se encuentra la atacar a la sociedad y al Estado hondureño. Así, el 23 de diciembre del 2004, realizaron un acto, que para muchos tenía carácter terrorista, la llamada *tragedia de Chamelecón*, en San Pedro Sula, donde al tirotear a un ómnibus del transporte urbano, mataron casi 30 pasajeros, y dejaron heridos a muchos más, al tiempo que dejaron pintadas amenazas contra el Presidente de la República, el del Congreso Nacional, el Ministro de Seguridad y funcionarios que promovían las reformas penales.

La reforma del código, la llamada ley antimara, hizo que mucha gente fuese detenida sin comprobársele nada en su contra y luego recuperasen la libertad, pero transcurría el tiempo de encarcelamiento sin evidencia alguna de haber cometido delito.

En algunos casos, personas que habían sido detenidas, mientras se llevaba su juicio adelante y resultaban inocentes, quedaban en libertad, al tiempo eran encarcelados nuevamente por el mismo delito por el cual que ya habían sido juzgados, cuando esto se verificado ya habían permanecido un buen tiempo en prisión, todo debido a que su cuerpo portaba las *evidencias* del delito de asociación ilícita, los tatuajes.

Otro de los resultados de estas medidas, es que las maras y pandillas *'evolucionaran'* en algunas de sus prácticas, para intentar evadir la ley. Los nuevos miembros ya no se tatúan, dado que este es motivo suficiente para detenerlos, además, ya no se visten a su manera típica y pasan desapercibidos, por lo que resulta más difícil identificarlos, es decir que evolucionan en su accionar, modifican su forma de ser, ahora son más invisibles que nunca.

En los primeros operativos policiales del 2002 al 2004, eran detenidos muchos pandilleros, ahora es difícil detectarlos, casi no se pueden localizar, prácticamente se han vuelto 'invisibles'. Estas decisiones de cambios en sus costumbres y prácticas, no fue una decisión a la ligera, esto tuvieron que analizarlo en las *meeting*. A raíz de las determinaciones legales que se tomaron para contrarrestar a este fenómeno, los miembros de estos grupos tuvieron que tomar algunas decisiones para dificultar su identificación como miembros de las pandillas, y por ende evadir ser detenidos o apresados.

Las medidas trajeron cambios en el imaginario de las maras y en su doctrina e ideología.

10.4. Surgen 'Los Pesetas'

Los expandilleros y ex mareros e inclusive algunos que todavía permanecen activos en estas organizaciones, se encuentran en un dilema, en una disyuntiva que complica su existencia.

Por un lado, se encuentran amenazados de perder la vida si se retiran de sus grupos, ya que si desertan se les dicta sentencia de muerte, por otro lado, el Estado no presenta alternativas para lograr reinsertarlos en la sociedad, más bien los reprime con la ley Antimaras que, aunque ya estén retirados, permite detenerlos y enviarlos a prisión. Y por si esto fuera poco, la misma sociedad los rechaza, porque portan el estigma de la mara, los tatuajes.

Frente a este panorama, sólo quedan para ellos tres alternativas:

1) seguir perteneciendo a estos grupos con el mismo estilo de vida que han llevado en los últimos años;

2) retirarse de la mara y huir para evitar que sus excompañeros los asesinen; y

3) ser detenidos y llevados a prisión.

Cualquiera de estas tres alternativas, va en detrimento de su propia integridad.

Son muchos los quieren salir de la mara y rehabilitarse, por su bien y por el bien de sus familias, pero también existe un número importante de pandilleros que quieren seguir en esa situación y en ese estilo de vida. Algunos pandilleros se retiraron por distintas razones, sea cual fuere esa razón, varios de ellos se unieron y formaron una tercera pandilla: 'Los Pesetas'. Siguiendo el principio: el número y el grupo dan fuerzas y poder, se unen para subsistir y enfrentar las nuevas amenazas. Sin tener en cuenta la anterior enemistad y odio mutuo, la nueva pandilla pasa a estar integrada por ex MS y ex 18, unidos para enfrentar al Estado, a la sociedad y a sus ex pandillas, sus antiguos grupos de pertenencia. Es decir, que estos jóvenes, dejan a un lado las diferencias que tenían en sus grupos originales, para organizarse entre ellos.

La denominación 'peseta' es utilizada popularmente para llamar a estos desertores, pero para los pandilleros, los renunciantes se convierten '*Levas*',[269] expresión usada para referir a alguien que no vale nada. Los "Pesetas" saltaron a la luz pública por el asesinato de un agente de la DEA, cometido por una banda de adolescentes a la que la policía bautizó bajo el alias de '*los puchos*'.

No todos los "pesetas" son el producto de haber desertado de su banda o haber cometido un error disciplinario, algunos se "*pesetean*" porque no ascendían en la propia banda y consideraron que estaban listos para dirigir su propia pandilla, su propia clica. Son el resultado también de las luchas de poder interno de las clicas. Es decir, es un reflejo de la lucha del poder, de no haberse cumplido las expectativas con las que ingresaron al grupo de llegar a la cúspide.

Los "pesetas" sin importar a que pandilla pertenecían, continúan, aunque con otra denominación, con las mismas reglas con las que fueron socializados y realizando las mismas actividades que realizaban con la banda anterior. Aunque, hay que señalar que no todos los peseteados, se han conformado en una nueva pandilla.

Aquel que se convierte en '*peseta*' para borrar el compromiso adquirido en el ritual de inicio, en el 'jumping in', en el 'bautizo', se *tacha* los tatuajes con una X sobre el pecho y la espalda, como forma de indicar, que no siguen siendo miembros de la pandilla anterior. Para demostrar eso no alcanza con sólo decirlo, debe demostrarlo, demostración que realiza *tachándose* sus tatuajes. Desde ese momento en más es un 'peseta' y a la vez se convierte en blanco de su grupo anterior por su traición al barrio, su traición al grupo.

---

[269] Este término era usado antaño, para aquel que mediante un sorteo, se eximia de prestar el servicio militar, y se quedaba en su comunidad para garantizar la procreación y encargarse de los trabajos pesados de la comunidad.

10.5. Entrevistas:

El Monkey':

Durante nuestro trabajo de campo nos entrevistamos con algunos expandilleros y pudimos recoger algunos relatos sobre las causas por las que se *pesetearon*, tal es el caso de "El Monkey", un joven de 25 años quien nos dijo:

"ingrese a la Mara Salvatrucha en prisión, porque mire que ellos comían mucho mejor que los demás, llegaban muchas jainas a verlos, se guajeaban[270] bien, por lo que decidí ingresar, después del brinco, ya estaba con ellos.

Me trasladaron a otro tabo[271] y allí nos dieron la orden de que ingresarían unas granadas de fragmentación, que serían introducidas por una mujer y que se las teníamos que tirar a los panochos, ellos eran 10, nosotros sólo 4, por lo que decidimos pesetearnos mejor, porque ya teníamos suficientes problemas, como para meternos a más. Decidimos no parales bola a esas órdenes.

Al salir de prisión lo detienen por asociación ilícita, esto sin ser ya marero.

"Me doblaron[272] sólo por los tatuajes, yo ya no estaba en la mara, pero los pokemon[273] no me pararon bola[274] y me mame[275] un año más de puro choto[276].

Nuestra entrevista la realizamos en la Penitenciaria Nacional, donde se encontraba. Nos relata su experiencia de la siguiente manera:

'Cuando me declararon inocente por asociación ilícita, me la dí[277] para el pueblo donde mis abuelos, allí estuve un año, luego volví a Tegus, y al mes, me agarraron otra vez y por estos pinches[278] tatuajes, me vuelven a doblar otra vez, y ya llevo seis meses

---

[270] Se vestían bien
[271] Centro penal
[272] Detuvieron, apresaron.
[273] Policías
[274] No me hicieron caso
[275] Estuve más tiempo
[276] Puro gusto, sin razón.
[277] me marche
[278] malditos

esperando la audiencia. Cuando salga, no sé qué voy a hacer, no me dan chamba[279], la mara dio luz verde para mí, y tengo miedo de que los chepos me doblen otra vez y me tire otro año de puro fay[280] en el mamo, la verdad es que hacen mal con uno, yo ya pagué[281] lo que hice, pero sigo penando, haga lo que haga, sigo siendo marero'

El Monkey, se encuentra bajo la misma presión que muchos otros ex mareros: de ser perseguido por su pandilla por hacer renunciado y ser también perseguido por sus tatuajes, que lo criminalizan, y no le dan oportunidad de rehacer su vida, para la sociedad seguirá siendo un pandillero y con el permanente riesgo de ser apresado por el delito de asociación ilícita.

Entrevista a *El Shadow*:

En San Pedro Sula, encontramos a otro "peseteado", nos dijo su taca, el *Shadow*, de origen salvadoreño y exguerrillero en ese país, de 32 años de edad e ingresado en la MS XIII a los 15 años de edad.

Nos hizo el siguiente relato:

"Mira 'mano'[282], estas cosas de la pandilla son como una droga, es una adicción, cuando te gusta lo que se hace, no se puede dejar luego. Es macizo[283] saber que tenes poder, que sos un toro, y que los demás te respetan y te temen, porque saben que te pela[284]me han detenido muchas veces, creo que cinco, por todo me detenían, por posesión y trafico drogas, por andar cuetes[285], también me eche[286]unos cuantos chuntaros, mierdas que no valían nada, y ando huyendo porque me acusan que mate a mi niñito, como lo voy haber matado, si era mío, bueno, de la puta de mi mujer que me traicionó, pero yo lo agarre chiquito, lo que pasa 'mano', es que esa basura quería andar[287] con

---

279 trabajo, laburo.
280 De gusto
281 cumplió su condena
282 Hermano.
283 Bonito, se siente bien.
284 Te vale todo, no importan las consecuencias.
285 Armas de diferentes calibres
286 Mate
287 Ser novia

otro hommie, y me ratio[288] con la chepa[289] y me andan siguiendo por parricidio. Pero la voy a agarrar y la voy a hacer tuquitos[290]y como me tiene una niña de 6 meses, me la voy a dar[291]con mi nena para El Salvador, lo que pasa es que allá tengo unos clavos,[292] a ver como hago.'

El caso de la renuncia al grupo de este pandillero es diferente a otros, él no se arrepintió, tampoco le teme a las autoridades, él se retiró por la cuestión de la relación de su mujer con otro pandillero.

Su relato lo siguió en estos términos:

"Yo no ando con pajas[293] a la hora de la hora, el que se me atraviesa en mi camino, se va. Allí en la pandilla, le prohíben a uno un chingo[294] de cosas, esa paja no va conmigo, a mi tenían que pedir las cosas y yo les ayudaba, pero eso sí, estaba consciente de que no podía fallar.

Me vine de El Salvador hace como diez años, porque me eche a unos cuantos vatos, y casi me agarran, pero aquí ya he caído como seis veces. Mira mano, yo de esto no me puedo retirar. Sí me salí de la pandilla, ya me pesetié, mira la cruz con que me tache los tatuajes, pero es paja que voy a trabajar, eso es mentira, así que me busco unos cuantos pesetas y que vamos a hacer, ha chambear[295] se ha dicho.

Mientras me miraba fijamente, prosiguió:

Mírame estas heridas, me las hicieron en la calle, me balearon 3 veces, me apuñalaron como en 4 ocasiones y aquí estoy. Además, hago mucho ejercicio porque a la hora de un agite, hay que responder, Dios y la virgencita no quieran que se me aparezca esa mujer, porque ya se sabe lo que va a pasar.

La verdad es que ya estoy marcado papa, no me hago chibola[296], así que no me voy a dejar joder, el que me quiera buscar, pues me va a

---

[288] Me delato
[289] Policía
[290] Pedacitos
[291] Irse, marcharse, largarse
[292] Problemas
[293] no se anda con medias tintas.
[294] Muchas cosas, una gran cantidad.
[295] Trabajar, laburar.
[296] Está muy claro de la situación en que se encuentra.

encontrar y si me queda un chance[297]*, pues ya se sabe, ni modo, o son ellos o soy yo, usted que haría compa, lo mismo va?*.

La historia de estos expandilleros es similar, provienen de hogares desintegrados, estuvieron mucho tiempo en el grupo y después, por diferentes motivos, renunciaron a la pandilla, ya sea porque estaban disconformes por algunas situaciones propias de su grupo o porque no se les permitía ascender en el grupo, o porque entendieron que esa vida no los llevaba a ningún lado. Todo lo que creían de su barrio se había derrumbado, era ficticio, para ellos no existía más, todo había sido nada más que una cruel fantasía. Aunque están conscientes que, desde que se retiraron, pesa sobre ellos una sentencia de muerte.

---

[297] Oportunidad

A MANERA DE CONCLUSION

Las maras y pandillas juveniles llegaron a niveles altísimos de violencia en las sociedades centroamericanas, las cuales ya se encontraban en crisis a causas de factores económicos, políticos y sociales, que provocan marcadas inequidades. Ello se le agrega esta manifestación de violencia social contemporánea.

Este fenómeno surgió, para decirlo en términos de Merton, como resultado de la disociación entre las aspiraciones culturales para lograr las metas personales y grupales y la disparidad de los medios sociales para llegar a ellas. Esto es resultado de la triste realidad latinoamericana.

Las pandillas juveniles centroamericanas son un fenómeno social contemporáneo, producto de las condiciones de inequidad social y una situación agravada por el conflicto ideológico que vivió la región en la década de los 80's, a causa de las posiciones de las dos grandes potencias mundiales de ese momento.

Las maras y pandillas no se originaron en Centro América, aunque algunos de sus miembros eran originarios de países de esa región, el fenómeno surgió en los Estados Unidos de América, en una especie de evolución de las pandillas latinas que allí existían, de los pachucos, cholos, o chicanos; que exportaron esa cultura de la violencia a las ya maltrechas sociedades centroamericanas, debido a unas fuertes medidas migratorias que adoptó el gobierno de Estados Unidos para con los indocumentados e ilegales .

Las maras y pandillas de Centro América representan una amenaza latente al resto de la región latinoamericana, puesto que buscan propagar sus acciones a distintos países y lograr nuevos mercados especialmente allí donde existen condiciones de inequidad, factor necesario para que esta problemática se manifieste.

Esta problemática social es un fenómeno interesante para ser analizado desde la perspectiva de la Teoría de la Sociología de la Desviación, en ella se encuentra un marco teórico referencial de gran utilidad para mejor comprender la estructura, desarrollo y manifestaciones de estos grupos.

Una de las características principales de estos grupos, es su irrespeto e inobservancia a las normas sociales y legales, por lo que los consideramos como grupos anómicos; aunque en su interior mantengan armonía por medio de una férrea disciplina.

Son grupos complejos, que se pueden catalogar como primarios, sobre todo en su organización básica de la *clica*. Son grupos de referencia, para aquellos que miran en ellos la oportunidad de alcanzar algunos objetivos sociales, sin pasar por los mecanismos socialmente aceptados; y son grupos de pertenencia, por que las personas que lo integran se sienten orgullosos de pertenecer a ellos, viven y mueren por el barrio.

Las maras y pandillas, como resultado de su accionar violento, sus prácticas sociales y de las medidas legales adoptadas por los Estados de los países centroamericanos para controlarlas, han sufrido la estigmatización y criminalización de sus miembros y sus actividades.

La naturaleza, evolución y adaptación al medio de estas pandillas, ha dado como resultado que posean una organización y estructura sólida, la cual subsiste gracias a los recursos que obtienen de sus actividades criminales tales como el secuestro, venta de armas y drogas, el cobro de impuestos de guerra, el chantaje, asesinatos por encargo, etc., lo cual han logrado trasladarlas a distintas partes del mundo con niveles de coordinación transnacional, de allí que consideremos que tienen una naturaleza y estructura de carácter global.

Debido al reclamo popular, los gobiernos centroamericanos tomaron algunas medidas de control de este fenómeno, endureciendo las penas y castigos a todas aquellas personas que son miembros de estas organizaciones, por el simple hecho de serlo, sin importar si cometieron un crimen o no. Con esto ha venido emparejada, la constante violación de los derechos humanos y garantías constitucionales y hasta el presente no se han buscado alternativas distintas para dar solución a la problemática. Las medidas que deben ayudar a la prevención, rehabilitación y reinserción de jóvenes han sido descuidadas.

Las maras y pandillas juveniles centroamericanas son el resultado de 50 años de corrupción pública, de los gobiernos y políticos, que han sentenciado al pueblo a vivir en la pobreza y los que renuncian a este futuro, disponen marcharse del país, en busca del sueño americano, dejando atrás todo lo que tenían y querían. Desgraciadamente, ese sueño muchas veces es inalcanzable, y se encuentran con otra cruda y cruenta realidad, el rechazo social y étnico a que son sometidos, además de la precarización de los empleos y sus salarios.

Estos grupos, tiene principios ideológicos y doctrinarios que son pasados de generación en generación. Tienen libros donde llevan todos sus registros de *placas*, es decir de nombres de sus miembros, y también de aquellos que salieron, que renunciaron y que murieron, en qué condiciones fallecieron y a causa de qué o a manos de quienes. En estos registros están los *"pesetas"* muertos por obra de ellos y los que están pendientes de ser *sancionados* por su deserción. Llevan también registros de las áreas que controlan y libros contables, etc. Es decir, responden a una organización compleja que se ha enquistado en las sociedades centroamericanas.

Con la implementación de la llamada Ley Antimaras y todas las medidas represivas que utilizó el estado hondureño, ellos sintieron que la situación era muy difícil, apresaron a muchos, otros murieron en enfrentamientos, algunos migraron al campo o a Estados Unidos, otros tantos lo pasan escondidos, por lo que bajaron sustancialmente su accionar.

Muchos se quieren salir de esas organizaciones, pero no tiene opciones, pero hay otros que se sienten cómodos siendo parte de esos grupos. Algunos quieren buscar ayuda en programas de asistencia social, así como de borrado de los tatuajes, pero no la encuentran, no hay quien vele por aquellos que quieren reincorporarse a la sociedad. Es más, su falta de fe y esperanza llega al extremo que hay algunos no quieren ni salir de la prisión, desprecian la libertad, uno de los derechos más queridos y soñados de cualquier ser humano, porque no tienen a nadie que vele por ellos, y por lo menos allí, se sienten seguros.

A lo largo de nuestra investigación empírica pudimos comprobar que, los organismos gubernamentales y no gubernamentales, realizan esfuerzos para hacer frente a esta problemática, pero en forma dispersa y difusa, sin coordinación entre ellas, minimizando los resultados, que se podrían incrementar significativamente si existiesen esfuerzos conjuntos en pro de la potenciación de sus objetivos.

BIBLIOGRAFIA:

Arendt, H., "¿Qué es la autoridad?", en Entre el pasado y el futuro. Ocho ejercicios sobre la reflexión política.

Arendt, Hannah. Between Past and Future. NY, The Viking Press, 1976.

Arlotti, Raúl. Vocabulario técnico y científico de la Política. Editorial Dunken. Buenos Aires. 2003.

Bahr, E., Corea, C., La Mara Bunta. CEDOH. Tegucigalpa. 2004.

Bahr, E, Corea, C., Migra Migrante. CEDOH. Tegucigalpa. 2004.

Bauman, Z., La Globalización, Consecuencias Humanas, Buenos Aires. Fondo de Cultura Económica. 1,999.

Beck, U. ¿Que es la Globalización? Barcelona, Paidós. 1998.

Beck, U. La Sociedad del Riesgo. Barcelona, Paidós. 1998.

Castells, M. 1999. La Era de la Información. Madrid, Alianza Editorial.

Berger P., Luckman T., La Construcción Social de la Realidad, Buenos Aires, Amorrortu. 2003.

Botero, M., Los Adolescentes no son la Causa de la Inseguridad Ciudadana, Estudio Exploratorio, Serie Niñez y Juventud, 1999, Tegucigalpa.

Brie, R. J. y Del Acebo E., Diccionario de Sociología, Bs. As., Claridad, 2003.

Caracciolo, R. La relevancia práctica de una autoridad normativa. El argumento de las razones auxiliares. En Análisis e Diritto. 1998.

Castells, Manuel. La Era de la Información, Volumen II, El Poder de la Identidad. Siglo XXI Editores. México, 1996.

Castillo, J. Introducción a la Sociología. Madrid, Guadarrama, 1968

CEDOH. Hacia Una Política Integral de seguridad Ciudadana. Tegucigalpa. Honduras. 2004.

CEDOH. Migración, Política y Seguridad. Tegucigalpa. Honduras. 2005.

Clinard, Marshall. Las Implicaciones Teóricas de la 'Anomie' y la Conducta Desviada. Paidós. Buenos Aires. 1973.

Código Penal, Honduras, 2000.

Código procesal penal, Honduras, 2002.

Constitución de la República de Honduras, 1982.

Cooley, Social Organization. A study of the Larger Mind, 1909.

Coser Lewis Alfred. Las Funciones Del Conflicto Social. México-Buenos Aires: Fondo De Cultura Económica. 1961

Dammert, Lucia. Bailey John. Reforma policial y Participación Militar en el Combate a la Delincuencia. Análisis y desafíos para América Latina. Revista Fuerzas Armadas y Sociedad • Año 19 • Nº 1 • 2005. FLACSO-Chile

Departamento de Inmigración de los Estados Unidos, Presentación power point. II Convención Antipandillas. San Salvador, El Salvador, del 4 al 6 de abril del 2006.

Departamento de Policía de Chicago, Revista Educativa. S/A.

Diario El Heraldo, Tegucigalpa, Honduras. 6 de junio del 2007.

División de Prevención de Maras. Un Reto Para Evitar Las Maras. Multigráficos Flores. Tegucigalpa, 2004.

Durkheim, Emile. La División del Trabajo Social. México, Editorial Colofón, 1968.

Durkheim, Emile. Las Reglas del Metodo Sociologico. Cordoba: Asandri, 1961.

Elbert, Carlos Alberto. La Violencia Social en América Latina a través del caso Centroamericano de las bandas juveniles maras. Revista Cenipec.23.2004. Enero Diciembre.

Faux, Frederick. Les Maras, Gansd enfants. Violences Urbans en América Central. Paris.

Fernández, J. Ronquillo, V. de los Maras a los Zetas. Grijalbo, México, 2006.

Fernández, M. y Biagi, M., Los Tipos de Dominación Weberianos a la Luz de la Lógica de Bochenski. Bs. As., Fades Ediciones, 1983.

Fundación Arias. Las armas y la Cultura de la Violencia. 1999. Tegucigalpa.

Garciga, Octavio. Programa Nacional de Prevención. Estilo de Vida Saludable. Tegucigalpa. 2006.

Giddens, A. Consecuencias de la Modernidad. Alianza Universidad. 1993.

Goffman, E. Estigma, la Identidad Deteriorada. Amorrortu Editores. Buenos Aires, Argentina. 2003.

Hobbes, Thomas; *Leviatán*. Madrid, Editora Nacional, 1979.

Homas G. El grupo humano, Buenos Aires, Editorial Universitario, 1963.

Irurzun, Víctor. Un Ensayo Sobre la Sociología de la Conducta Desviada. Troquel. Buenos Aires. 1985.

Johnson, H. M. Sociología, una Introducción Sistemática. Paidós. Buenos Aires.

Lamo de Espinosa y Torres, C., Diccionario de Sociología. Madrid, Alianza Editorial, 1998.

Lara, Marco. Hoy te Toca la Muerte, El Imperio de las Maras Visto Desde Adentro. Editorial Planeta. México, 2006.

Ley Orgánica de la Policía Nacional de Honduras.

Ley para la Prevención, Rehabilitación y Reinserción Social de Personas Integrantes de Pandillas o Maras. Tegucigalpa. 2001.

Lucas, J., The Principles of Politics, Oxford, Oxford University Press, 1966.

Mannheim K., Hombre y sociedad en época de crisis. Buenos Aires: La Pleyade, 1969.

Manual del curso de investigación de delitos cometidos por maras. Guía del participante. Departamento de Estado de los Estados Unidos de América. Junio, 2006.

Maras y Pandillas en Centro América. Volumen II. UCA Editores. San Salvador, El Salvador. 2004.

Maras y Pandillas en Centro América. Volumen IV. UCA Editores. San Salvador, El Salvador. 2006.

Mead, G. H., Espíritu, Persona y Sociedad. Barcelona, Paidós, 1982.

Lamo de Espinosa y Torres, C., Diccionario de Sociología. Madrid, Alianza Editorial, 1998.

Merton, R. Social Problems and Sociologicasl theory", en Merton, R. y Nisbet, R. Contemporary Sociasl Problems.

Merton, R. Teoría y Estructuras Sociales, México. Fondo de Cultura Económica,

Lemert, E. Social pathology. Nueva York, Toronto, Londres. Hill Book Company. 1951.

Merton, Robert. Teoría y Estructuras Sociales, México. Fondo de Cultura Económica, 1965

Neild, Rachel. Honduras, Régimen Jurídico para la Seguridad Publica. Tegucigalpa, 2004.

Las Maras en Honduras. Investigación Sobre Pandillas y Violencia Juvenil, Consulta Nacional. Save The Children. Tegucigalpa. 2002.

Ortega y Gasset, José. El Hombre y la Gente. Madrid, Revista de Occidente. 1957.

Parsons, Talcot. Hacia una teoría social de la acción. Buenos Aires: Kapeluz, 1968.

Parsons, Talcott. El Sistema Social. Madrid. Alianza editorial. 1988.

Parsons, Th., The Social Systems Chicago, Glencoe, 1951.

Peón C.E. y Pinto J. "Máx Weber en América Latina: su recepción temprana y algunas claves de lectura", en L. Aguilar Villanueva, La Política como respuesta al desencantamiento del mundo. El aporte de Max Weber al debate democrático. Buenos Aires, EUDEBA. 1998.

Pineda, I. Porque Ingrese a las Pandillas, Honduras. Patronato Nacional de la Infancia, 2005.

Pitch, T. Teoría de la Desviación Social. Editorial Nueva Imagen, México, 1980

Portillo, Nelson. Estudios sobre pandillas juveniles en El Salvador y Centroamérica: una revisión de su dimensión participativa. Revista Apuntes de Psicología, 2003, volumen 21, No 3. pp. 475- 493. Universidad de Sevilla, España.

Ramírez, Heredia. La Mara. Ed., Alfaguara, México, 2004.

Raz, Joseph, "La Autoridad del Derecho", en: Philosophical Law, autority, Equality, Adjudication, Privacy. Westport, Connecticut, Grenwood. 1978

Rocha, Jose Luis. Pandillas: Una Cárcel Cultural. Revista Envío. No.219, junio de 2000 Red Transnacional de Análisis sobre Maras. Nicaragua.

Rombach, H., (dir) Diccionario de Ciencias de la Educación (Madrid, Rioduero, 1983) t. III,

Salomón, L., El Desempeño Policial y la Satisfacción de la Ciudadanía, Graficentro editores, Tegucigalpa. 2004.

Serie Niñez y Juventud. Los Adolescentes No Son Causa de la Inseguridad Ciudadana, Estudio Exploratorio. Instituto Hondureño de la Niñez y La Familia. 1,999.

Simmel, G. Cuestiones Fundamentales de Sociología. Barcelona: Gedisa, 2002.

Simmel, G. Estudio Sobre las Formas de Socialización. Madrid: Revista de Occidente, 1977.

Stewart, E. W. y Glynn, J. A., Introducción a la Sociología (Bs. As., Paidós, 1977)

Tarde G., cit en: Cuvillier, A., Introducción a la Sociología (Bs. As., La Pléyade, 1979)

Touraine, A... el Regreso del Actor. Buenos Aires. Editorial Eudeba. 1997

Unidad de Prevención en Maras. Conocimientos Básicos en Maras. Multigráficos Flores. Tegucigalpa. 2002.

Weber, Marx. Economía y sociedad. Esbozo de sociología comprensiva. Fondo de Cultura Económica, México, 1979.

Weber, Max. La Etica Protestante y El Espiritu del Capitalismo. Barcelona: Peninsula, 1977.

Williams, Paul. The Al Qaeda Connections, Prometheus Books. 2005.

Zorrilla, Rubén. Principios y Leyes de la Sociología... Buenos Aires. Editorial Emece. 1992.